Herbert Hoffmann

Wege in die Meditation

Herbert Hoffmann

Wege in die Meditation

Überarbeitete und erweiterte Ausgabe
Mit zahlreichen Übungen

HANS-NIETSCH-VERLAG

Hans-Nietsch-Verlag im Internet:
www.nietsch.de

Lektorat: Eric Kearney
Korrektorat: Udo Bender

Titelillustration: Heita Copony
Einbandgestaltung: Trisign Kommunikation, Pfaffenwiesbach

Hans-Nietsch-Verlag,
Poststraße 3, 79098 Freiburg

ISBN 3-929475-72-3

Wie der See sich Tropfen für Tropfen auffüllt,
so nährt jede Minute der Meditation die Seele.

Mahatma Gandhi

Danksagung

Ich danke Margareta, der großen alten Dame auf El Hierro, für die Oase der Ruhe und der Stille, die sie mir für die Zeit des Schreibens gewährt hat.

Und mein Dank gilt Petra, die mich inspirierte und meiner Seele Flügel wachsen ließ, sowie Eric für das einfühlsame Lektorieren.

Mein besonderer Dank gilt aber auch all denen, die mir durch ihre Teilnahme an meinen Seminaren die Möglichkeit zur Entfaltung gaben, und all meinen Lehrern, die mich mit ihrer Liebe unterstützten.

Und ein inniger Dank an „Joshua Immanuel, den Christus", der mich bei all meiner Arbeit mit seiner unendlichen Liebe führt und begleitet.

Inhalt

Teil 3: **Meditationsübungen**

Vorwort

Unsere Probleme im zwischenmenschlichen Bereich resultieren meist aus einem Mangel an Mitgefühl, Güte und dem nötigen Gleichmut. Diese emotionalen Eigenschaften sind unabdingbar, wenn wir mit unseren Mitmenschen und insbesondere mit unseren Partnern in Frieden und Harmonie leben wollen.

Wir sind eingebunden in unser Karma. Das heißt, daß wir uns immer mit dem auseinanderzusetzen haben, was wir uns aufgrund des Gesetzes von Ursache und Wirkung selbst kreiert haben. Und wir erschaffen immer wieder für uns ungünstiges Karma, wenn wir den anderen in seinem So-Sein nicht annehmen. Selbst bei einem Menschen, von dem wir glauben, ihn zu lieben, müssen wir lernen, daß alles, was dieser denkt, spricht und tut, Ausdruck seiner karmischen Prozesse ist. Erst wenn wir Teile davon negativ bewerten, entstehen für uns Probleme.

Wir müssen lernen zu akzeptieren, daß nicht alles, was um uns herum geschieht, unseren Vorstellungen entspricht. Solange wir negative Reaktionen zeigen, erschaffen wir negatives Karma. Denn solange wir darauf beharren, daß der andere das tun oder sich so verhalten soll, wie wir es uns vorstellen, verursacht dies nur Leid. Die Wahrscheinlichkeit, daß unsere Wünsche erfüllt werden, ist eher gering, da der andere ja aufgrund seiner Individualität seinen eigenen Willen und seine eigenen Vorstellungen hat.

Ein Ausweg aus dieser Situation ist die Flucht in Selbstmitleid, das uns aber immer mehr in die Position des Opfers hineinmanövriert. Selbstmitleid heißt: Unser Selbst leidet. Je tiefer wir uns in Selbstmitleid verstricken, desto schneller werden sich Depressionen bemerkbar machen. Wenn wir jedoch mit der nötigen Aufmerksamkeit und Bewußtheit erkennen, daß nichts von außerhalb, sondern alles aus unserem Inneren kommt und wir uns durch unser Verhalten und unsere Reaktionen selbst Schaden zufügen, können wir den Gegenpol ansteuern und positive Emotionen kreieren. Wir müssen erkennen, daß es nicht darauf ankommt, ob uns jemand liebt oder anerkennt. Wichtig ist, daß *wir* lieben und anerkennen.

So beginnen wir, den Pfad der positiven Emotionen zu beschreiten, und begeben uns auf den Weg zu innerem Frieden. Wir können dann die Erfahrung machen, daß eine andere Person unsere Liebe in dem Maße erwidert, das ihrer Liebesfähigkeit entspricht. Wir werden feststellen, daß der Mensch, der wahrhaftig liebt, selbst liebenswert ist. Wir sollten jedoch nie lieben, um uns selbst dadurch liebenswert zu machen, denn dann wäre unsere Liebe lediglich ein Ausdruck unseres Ego. Was wir anstreben können, ist die Öffnung unseres Herzens.

Wir sollten aufhören zu bewerten, wer liebenswert ist und wer nicht. Oder gar überlegen, wen wir hassen. Wir sollten aufhören, den Richter zu spielen, der die Menschen ein- oder ausgrenzt. Das macht unser Herz nur unruhig und entfernt uns vom inneren Frieden.

Es gibt sieben Voraussetzungen für inneren Frieden: „Die rechte Aufmerksamkeit, die rechte Ausrichtung, das rechte Denken, das rechte Sprechen, das rechte Handeln, die rechte Gelassenheit und die überpersönliche Liebe."

Wir können unser Herz läutern, d.h. von Negativität befreien, wann immer wir erkennen, daß wir in einer Polarität gefangen sind, die nicht von Liebe erfüllt ist. Wir sollen dann zurückkehren zu Liebe, Mitgefühl und Gleichmut. Dies führt uns zu innerer Freiheit und Unabhängigkeit.

Was hält uns eigentlich von wahrer Liebe ab? Die vom *Ego* bestimmte Eigenliebe, die nur auf das Vergnügen ausgerichtet ist, das Festhalten und die daraus entstehende Abhängigkeit.

Wenn uns Vergnügen beschert wird, können wir es dankbar annehmen; wenn wir es aber suchen, sollten wir darüber nachdenken, ob uns dies nicht in Abhängigkeit führt. Abhängigkeit kann nie wahre Liebe bedeuten.

Wahre Liebe zeigt sich in der Freiheit des Herzens, offen zu sein und alles geben zu können – zu jeder Zeit und unabhängig davon, ob etwas zurückgegeben wird. Erst von dem Moment an, wo wir die Liebe in unserem *Herzen* gefunden haben und *bedingungslose Liebe* zulassen, brauchen wir niemanden mehr zu suchen, der uns liebt. Wir wissen dann, was Liebe bedeutet, da wir sie im eigenen Herzen fühlen.

Wenn wir diese allumfassende Liebe in uns spüren, beginnen wir, inneren Frieden wahrzunehmen. Für Buddha ist Liebe ein Grundelement der Meditation. Sie wurde von ihm als die „Erlösung unseres Gemütslebens" bezeichnet.

Gemütserlösung durch die Liebe bedeutet, daß unser Gemüt frei wird von Eifersucht, Haß und Neid, von Widerwillen, Furcht und Ängsten sowie von Sorgen und Kummer. Dies alles wird „erlöst", weil es sich in der Liebe auflöst.

Unser Gemütsleben ist natürlich davon abhängig, was wir denken, denn Gedanken lösen Gefühle aus. Wir müssen lernen, daß das Leben nur gelebt und niemals erdacht werden kann. Darum ist es wichtig, daß auch die Liebe gelebt und in Handlungen zum Ausdruck gebracht wird. Liebe bringt es mit sich, daß unser Geist ruhig und Meditation möglich wird. Wenn unser Geist allzusehr am Materiellen haftet und mit „gut und schlecht", mit „Haben und Nichthaben" beschäftigt ist, kann er keine Ruhe finden.

Es mag hilfreich sein, darüber zu meditieren, wie wir Liebe entwickeln können, was sie uns bedeutet und wie weit wir unser Herz öffnen können, um unsere Liebe zu zeigen. Wir brauchen lediglich unseren Willen einzusetzen. Wir müssen Liebe empfinden *wollen* und dafür unser spirituelles Herz trainieren.

Sind wir dann eines Tages in der Lage, wirkliche Liebe zu geben, so wird das jeder spüren, der in unsere Nähe kommt. Die Liebe in uns wahrzunehmen, die unabhängig von Personen ist, gibt uns die einzige Sicherheit, die wir in diesem Leben wirklich haben können. Alles Materielle ist vergänglich. Durch die vollkommene, göttliche Liebe lernen wir die Wahrheit kennen, die uns unterstützt, all das, was in der Welt geschieht, zu verstehen.

Dein Körper wird rein durch Wasser,
dein Gewissen durch die Schonung alles Lebenden,
dein Herz durch Aufrichtigkeit und Wahrheit
und der Verstand durch die Weisheit deines Herzens.

Herbert Hoffmann

Teil 1

Möglichkeiten der Selbstbetrachtung

Der Emotionalkörper

Schon in den alten ägyptischen Abbildungen der *Isis* (siehe Zeichnung Seite 16) ist zu erkennen, daß der grobstoffliche menschliche Körper von mindestens drei weiteren Körpern umgeben ist. Es handelt sich dabei um den Ätherkörper, in dem die Matrix für die Form und Struktur des physischen Körpers angelegt ist, den Astralkörper, der sich aus Emotional- und Mentalkörper zusammensetzt, und den Kausalkörper, den Sitz unserer Seele.

Diese Körper sind feinstofflicher Natur und fließen ineinander wie das Licht von zwei Lampen oder wie die Farben der Chakras. Sie umgeben uns und durchdringen sich gegenseitig und unseren Körper.

Einen besonders starken Einfluß auf unser Befinden und Wirken hat unser *Emotionalkörper*, der von feinstofflicher *und* materieller Struktur ist. In der materiellen Struktur reicht er bis tief in unsere Zellen, und in der feinstofflichen Struktur tritt er, durch die Verbindung mit dem Kausalkörper, mit der Seele in Verbindung. Der Emotionalkörper ist jener Aspekt unseres Selbst, mit dem wir uns am stärksten identifizieren.

Unsere Seele weiß, daß jede Inkarnation nur ein „Spiel" ist, das nach den Regeln abläuft, die auf der Seelenebene vereinbart wurden. Nach der Geburt übernimmt jedoch unser linear funktionierendes Bewußtsein die Regie. Dieses weiß nichts von den zuvor getroffenen Abmachungen. Die physische Erfahrung ist dann häufig so stark und das Erleben so tief, daß via Emotionalkörper eine bleibende Prägung hinterlassen wird, die sich in der Zellstruktur verankert. Das Zentrum des Emotionalkörpers befindet sich im Bereich des Solarplexus, etwa eine Handbreit oberhalb des Nabels.

Hast du schon einmal erfahren, wie sich bei einem plötzlichen emotionalen Erlebnis ein Gefühl, ähnlich wie bei einem elektrischen Schlag, in diesem Bereich bemerkbar macht?

Isis und die Symbolik der drei feinstofflichen Körper

Nach diesen „elektrischen Schlägen“ kann der selbständig agierende Emotionalkörper süchtig werden. Er ist es, der uns in bestimmte Situationen führt, die eine Wiederholung dieses Impulses herbeiführen.

Daß dabei der physische Körper leidet, interessiert ihn nicht. Der Emotionalkörper will den Verstand und den physischen Körper kontrollieren. Er entscheidet, was geschehen soll, damit er seine Begierden befriedigen kann, um sein gewohntes Potential aufrechtzuerhalten.

Was uns dabei am meisten zu schaffen macht, ist das *Bewußtsein* des Emotionalkörpers. Dieser hat ebenso ein eigenständiges Bewußtsein wie unser Mental- und unser Kausalkörper. Im Bewußtsein unseres Emotionalkörpers sind unsere gesellschaftlichen Verhaltensweisen, an die wir glauben, uns halten zu müssen, ebenso verankert wie unsere Gewohnheiten und Begierden.

Der Emotionalkörper ist es, der uns daran hindert, die Übungen fortzuführen, die zu einer Veränderung seiner Struktur führen könnten. Er ist in gewissem Sinne träge und möchte keine Änderung seiner Struktur.

Wenn wir uns zu Beginn unserer Meditation hinsetzen, ist er es, der uns mit seinen „energetischen Ellenbogen“ darauf aufmerksam macht, daß wir doch dieses und jenes noch zu erledigen hätten und das alles viel wichtiger sei, als sich hinzusetzen und zu meditieren.

In dieser Situation kommt es darauf an, nicht weiter „Opfer" des starken Emotionalkörpers zu sein, sondern aus der Selbstverantwortung heraus zu entscheiden, was uns bei unserem Wachstum unterstützt. Und das wird letztendlich die Meditation sein.

In tiefer Meditation können wir uns dessen bewußt werden und entscheiden, ob und in welchem Bereich wir *Herr über den Emotionalkörper* werden wollen.

Die „inneren Schatten"

Jedes Symptom einer Krankheit weist auf einen psychischen Konflikt hin, der sich körperlich äußert, weil wir ihn verdrängt haben. Doch die Ursache dieses Konflikts möchte erkannt und bearbeitet werden.

Verdrängung geschieht immer unbewußt. Dabei werden von uns nicht akzeptierte Aspekte unseres Selbst ins Unbewußte verdrängt. Nach C. G. Jung werden sie dort zu „Schatten". Jung erkannte, daß in der menschlichen Seele tief unbewußte Kräfte wirken, die vom Denken und Wollen unabhängig sind. In seinen „Assoziationsstudien" bestätigte er die hemmenden und störenden Einwirkungen unbewußter Abläufe auf die bewußte Tätigkeit der Seele.

Die „inneren Schatten" sind jene Seiten in uns, die wir normalerweise nicht bewußt hinterfragen können, da sie in verborgenen Schichten des Unterbewußtseins liegen. Wir werden auf sie im allgemeinen erst dann aufmerksam, wenn sie sich als Krankheit manifestieren. So kann eine Krankheit unser bester und ehrlichster Freund sein – vorausgesetzt, wir sind bereit, nach innen zu schauen, um die Zeichen und Hinweise unseres Körpers zu entschlüsseln.

Im allgemeinen lehnen wir eine innere Gegensätzlichkeit ab. Es ist auch viel bequemer, den „inneren Schatten" keine Bedeutung beizumessen. Doch solange wir sie nicht bewußt annehmen, ist die innere Polarität nicht ausgeglichen. Der „negative" Aspekt bleibt so unbeachtet und unentwickelt. Deshalb setzen sich diese „inneren Schatten" zur Wehr, um beachtet, angenommen und akzeptiert zu werden.

Dies gehört zu unseren schwierigsten Aufgaben. Es widerstrebt unserem Verstand, die niederen, unerfreulichen, bedrohlichen oder gar unheimlichen Seiten unseres Wesens in den Prozeß unserer Entwicklung mit einzubeziehen. Es gehört Mut dazu, sich mit den „inneren Schatten" bewußt auseinanderzusetzen. Aber nur wenn wir die dunklen Seiten in unserem Leben anerkennen, werden wir innere Spannungen lösen und uns weiterentwickeln können.

Mir kommt die Hegelsche Philosophie in den Sinn, nach der alle Gegensätze in Natur und Geschichte immer nur Durchgangsstufen zu einem höheren Sein sind. So bekommt auch das Widersprüchlichste noch ein positives Vorzeichen, als Entwicklungsstufe auf dem Weg zu einer letzten großen Versöhnung mit der göttlichen Quelle des Lichts.

Für die Kirche mag es wie eine Rechtfertigung des „Bösen" aussehen, wie eine Verharmlosung und Verklärung unserer Irrwege und Abwege, wenn C. G. Jung sagt: „Der Teufel in dir, das Böse, wirkt zuletzt nicht zerstörerisch, sondern fruchtbar, lebensschaffend und bewußtseinsfördernd."

Im Buch Hiob erscheint der Teufel als beratendes Mitglied im Hofstaat Gottes. Und in dem Gleichnis vom verlorenen Sohn (Luk. 15) läßt Jesus keinen Zweifel daran, daß der davongelaufene Sohn, der all seinen Besitz im leidenschaftlichen Genußhunger verpraßte, der Liebe seines Vaters mehr teilhaftig ist als der daheimgebliebene Bruder, der keine Möglichkeit hatte, seinen „inneren Schatten" mit den wilden und ungebärdigen Aspekten seines Selbst so drastisch zu begegnen.

Auch in den Romanen von Fjodor Dostojewski und Graham Greene werden aus großen Sündern Heilige.

Wenn sich die Kirche mehr auf die „Schattenseiten" ihrer Heiligen, die sie ohne Zweifel neben ihren lichtvollen Seiten hatten, besinnen und weniger in „Gut und Böse" aufteilen würde, gäbe es nicht so viel Trennendes zwischen den Menschen.

Wollen wir einen Menschen akzeptieren, müssen wir lernen, ihn in seinem So-Sein anzunehmen. Das gelingt aber nur, wenn wir uns selbst in unserem So-Sein angenommen haben. Das klingt sehr einfach. Doch das Einfachste ist immer das Schwierigste.

Jemandem vergeben, der uns beleidigt hat, einen Bettler bewirten oder einen Feind im Namen Christi lieben sind gewiß erstrebenswerte Tugenden.

Wenn wir aber unsere „inneren Schatten" anschauen und dabei entdecken, daß wir selbst der zu liebende Feind sind, wir selbst der Vergebung und der Almosen unserer Güte bedürfen, was dann? Dreht sich dann nicht die ganze christliche Wahrheit plötzlich um? Werden wir dann nicht ungeduldig, wütend und verurteilen uns?

Nach außen versuchen wir zu verbergen, diese Schatten in uns zu kennen. Wir möchten fehlerfrei erscheinen. Wir bauen uns eine Fassade auf, um unsere Unsicherheiten und Schwächen zu verstecken. Auf diese Weise glauben wir, mehr Anerkennung und Freunde zu gewinnen. Wir zeigen jedem ein freundliches Lächeln, geben uns ruhig und selbstsicher, obwohl wir innerlich unter großer Anspannung stehen und allerlei Probleme mit uns herumtragen.

Mit dieser Fassade möchten wir auf andere und oft auch auf uns selbst überzeugend wirken. Doch diese Täuschung geht auf Kosten unserer physischen und psychischen Energie und macht uns krank.

Die Fassade wirkt wie eine psychische Mauer. Sie hält die anderen von uns fern und verhindert auch, daß wir uns für andere öffnen. Die Fassade läßt uns weder hinausschauen, um andere Menschen zu erkennen, noch läßt sie andere hineinschauen, um uns in unserem „So-Sein" wahrzunehmen.

Solange diese Mauer besteht, wird es an ehrlichen zwischenmenschlichen Kontakten und gegenseitiger Zuwendung fehlen. Auch aus Angst, andere könnten uns seelisch verletzen, bauen wir manchmal um uns eine Wand auf, die uns schützen soll.

Gewiß bietet solch eine Mauer einen Schutz. Gleichzeitig läßt sie aber auch keine Liebe und Zuwendung durch – weder nach außen noch nach innen. Sie läßt uns emotional verhungern.

Wer innerlich gereizt und nervös ist, wird diese spannungsgeladene Energie auf seine Umwelt übertragen. Dabei mag sein Äußeres noch so gelassen und überlegen scheinen.

Wer mit seinem Auftreten innere Empfindungen verleugnet, wirkt auf andere Menschen oft beunruhigend und irritierend und erfährt dadurch gelegentlich heftige Gegenreaktionen.

Wenn wir uns dagegen zu unserem „So-Sein" bekennen und uns zugestehen, neben unseren „Sonnenseiten" auch Schwächen zu haben, gehen wir gelöster und energiegeladener an unsere Alltagsprobleme heran.

Diese Auseinandersetzung mit unseren „inneren Schatten" ist auch deshalb schwierig, weil sie oft lange unbewußt bleiben und wir sie nach außen projizieren. Wie sollen wir sie auch bei uns suchen, wenn uns nicht klar ist, daß die negativen Seiten des Partners oder anderer Mitmenschen lediglich die eigenen Schwingungen, die eigenen Schattenseiten repräsentieren.

Sind wir bereit, uns mit den eigenen „inneren Schatten" auseinanderzusetzen, können wir in der Meditation an die Wurzeln unserer Probleme gelangen, um sie aufzulösen und zu verwandeln.

Diese geistige Alchimie ist eine Reinigungsprozedur, ein Wandlungsprozeß, durch den wir lernen können, das anzunehmen, was wir erkennen. Nur wenn wir bereit sind, wirklich anzunehmen, können wir verändern. Jedes Verurteilen macht unfrei.

Seien wir uns bei allem immer bewußt, daß der Schatten, sei es der „innere“ oder der „äußere“, wirklich nur ein Schatten ist. Es wäre falsch, sich mit seinem Schatten zu identifizieren. Denn er ist nicht identisch mit der Substanz, die den Schatten wirft. *Du bist nicht dieser Schatten.*

Erkenne, daß der Geist beides ist:
Darsteller und Bühne der Handlung.
Alles ist aus dem Geist geboren.
Dein Geist schafft die Welt und all ihre wunderbare Vielfalt.
So wie es in einem guten Theaterstück alle Arten
von Charakteren und Situationen gibt, so ist ein wenig
von allem nötig, um eine Welt zu kreieren ...
Identifiziere dich nicht mit dieser Welt,
und du wirst nicht leiden.

Nisargadatta Maharaj

Glaubenssätze

Angst und Traurigkeit

Viele unserer Verhaltensweisen lassen sich durch Angst erklären – der Angst, wir könnten etwas verlieren, von dem wir meinen, es für unser Glück dringend zu benötigen. Unsere Angst entpuppt sich in den meisten Fällen als Verlustangst. Wir glauben, daß wir durch unser ängstliches Verhalten den Verlust verhindern können und verschaffen uns somit ein trügerisches Sicherheitsgefühl.

Angst ist ein enger Verwandter der Traurigkeit. Wenn wir glauben, einen Verlust erlitten zu haben, fühlen wir uns traurig. Wir zeigen Trauer, um unsere Mitmenschen zu Mitleid und Liebe zu bewegen und uns damit die Kraft zu geben, über den vermeintlichen Verlust hinwegzukommen.

Der Abhängigkeitszyklus

Durch deine Ängste entsteht häufig ein Abhängigkeitszyklus mit folgendem Verlauf:

Durch irgendein Ereignis oder eine Erinnerung entsteht in dir ein bestimmtes Gefühl. Du willst die betreffende Situation unter Kontrolle halten und spannst deine Nerven an. Da du diese Anspannung nicht aufrechterhalten kannst, gerätst du in Panik und hast das Verlangen, gegen dieses Gefühl etwas zu tun. Du suchst nach Unterstützung und greifst zu „Hilfsmitteln“ wie z.B. Medikamenten.

Du wünschst dir dabei, dich beherrschen und die Gefühle ausschalten zu können, ohne diese Hilfsmittel zu gebrauchen. Letztendlich beginnst du auch noch, dich wegen dieser Erfahrung abzulehnen und Schuldgefühle zu entwickeln.

Alternative zum Abhängigkeitszyklus

Wenn zu einem Ereignis oder der Erinnerung daran ein bestimmtes Gefühl, z.B. Angst, entsteht, *entscheide* dich dafür, dich von deinen Urteilen, Kontrollmechanismen und bisherigen Glaubenssystemen zu befreien. Mache dabei einen tiefen Atemzug.

Bitte um Unterstützung von der geistigen Ebene und sei bereit, eine Bewußtseinsveränderung zu erfahren. Richte deine Absicht darauf aus, *jetzt* eine grundlegende Veränderung deiner Wahrnehmung von Ereignissen zu erfahren. Höre auf dein „inneres“ Wissen und *vertraue* auf die Verbindung zu deiner Seele und der göttlichen Quelle.

Bleibe in dieser Phase sehr achtsam. Weiche dem entsprechenden Thema nicht aus. Du wirst in dir eine Ausdehnung deiner neu gewonnenen Freiheit erleben.

Ereignisse und Glaubenssysteme

All unsere bewußten und unbewußten Erinnerungen haben ihre Wirkungen in der Gegenwart.

Bei jeder Wahrnehmung von Ereignissen tritt eine Emotion auf, die in unserem Zellgedächtnis verankert wird. Welche Emotion auftritt, ist von unserer Erwartungshaltung und unserem Glaubenssystem abhängig. Es kann eine „positive“ oder „negative“, eine starke oder schwache Emotion sein.

Wir reagieren auf jedes Ereignis als das Individuum, das wir sind. Was dem einen Angst und Schmerz bereitet, mag ein anderer kaum beachten.

Jedes Ereignis *ist*
in Wirklichkeit immer nur Ereignis*!*

Die von unseren Eltern, der Gesellschaft und unserer Religion geprägte Wahrnehmung vermittelt uns, was wir in einer bestimmten Situation empfinden sollen – also z.B. Angst. Es wird dabei im Unterbewußtsein ein mentaler Film abgespeichert, der in ähnlichen Situationen immer wieder abläuft. Ob wir uns später an die ersten Bilder dieses Films bewußt erinnern oder nicht – immer wieder werden wir in vergleichbaren Situationen den gleichen Film sehen und die gleichen Emotionen durchleben. Jede erneute Wahrnehmung von Angst und Schmerz verursacht aufs neue eine „negative“ emotionale Ladung. Beim ersten Mal gaben wir dem *Ereignis* die Macht, uns zu blockieren, und mit jedem weiteren Mal wiederholt sich dieser Prozeß.

Insbesondere durch *Meditation* können wir unsere Wahrnehmung verändern und somit sogar höchst traumatische Erinnerungen von ihren negativen Auswirkungen befreien. Durch die neue Sichtweise ändert sich der emotionale Inhalt der Erinnerung. Das *Ereignis bleibt Ereignis* und wird zu einer bloßen Erinnerung – es ist nicht länger der Maßstab für eine gegenwärtige Situation.

Das Drama-Dreieck

Wir bewegen uns zumeist in einer Dynamik, die uns entweder zum Opfer-, zum Täter- oder zum Helfersyndrom führt (siehe Zeichnung auf Seite 25). Die Opferrolle entsteht dadurch, daß wir Aussagen wie „ich sollte", „ich müßte" etc. machen oder uns schlecht, gekränkt oder beleidigt – eben als „Opfer" – fühlen, weil sich ein anderer so und so verhalten hat. Oder wir fühlen uns als „Verursacher", als „Täter", weil es dem anderen schlechtgeht, nachdem wir dieses oder jenes gesagt oder getan haben, was nicht seiner Erwartungshaltung entsprach. Mitunter schlüpfen wir aber auch in die „Helferrolle", um zwischen zwei Parteien zu vermitteln. Solange wir uns unbewußt in eine der drei Rollen begeben, können wir nicht erwarten, daß es uns gutgeht. Erst wenn wir uns aus diesem System befreien und bereit sind, Eigenverantwortung zu übernehmen, finden wir auch zu uns selbst. Unter Eigenverantwortung verstehe ich, daß wir für all unsere Gefühle und Empfindungen sowie deren Konsequenzen, also auch für unsere Krankheiten, die Verantwortung übernehmen.

Wenn wir uns als „Opfer" fühlen, dann doch nur deshalb, weil wir nicht in der Lage sind, den anderen in seinem So-Sein anzunehmen und zu akzeptieren, daß er sich nur deshalb so verhält, weil es *seinen* Glaubenssätzen und *seiner* individuellen Entwicklung entspricht.

Gleiches gilt für die „Verursacherrolle". Wenn akzeptiert wird, daß auch wir uns nur gemäß unserem Entwicklungsstand verhalten und äußern, wird uns auch niemand in diese Verursacherrolle drängen. Sollte es doch jemand tun, können wir trotzdem bereit sein, ihm dieses Verhalten zuzubilligen, da es eben seiner individuellen Sichtweise entspricht, für die er selbst verantwortlich ist.

Auch beim „Helfersyndrom" sollten wir berücksichtigen, daß zwei Personen, die miteinander nicht klarkommen, die Möglichkeit haben müssen, aus der Situation zu lernen. Das ist jedoch nur möglich, wenn wir nicht sogleich dazwischentreten. Auch diese beiden sind für sich selbst verantwortlich, und es wäre anmaßend, ihnen diese Eigenverantwortlichkeit abzusprechen, indem wir glauben, die Angelegenheit in unserem Sinne regeln zu müssen.

Um aus diesem dynamischen Dreieck der Opfer-, Täter- und Helferrolle auszusteigen, ist es erforderlich, in bestimmten Situationen zunächst einmal in die *Beobachterrolle* (siehe Seite 28) zu gehen, um ein *Ereignis* wirklich nur als *Ereignis* wahrzunehmen. Dadurch bleiben wir in unserer eigenen Energie und Schwingung, anstatt uns wie bisher spontan auf die emotionale Ebene unseres Gegenübers zu begeben. Wir können nunmehr aus der Dynamik dieses Dreiecks aussteigen, um mit der nötigen Klarheit und Eigenverantwortung Ereignisse zu beurteilen.

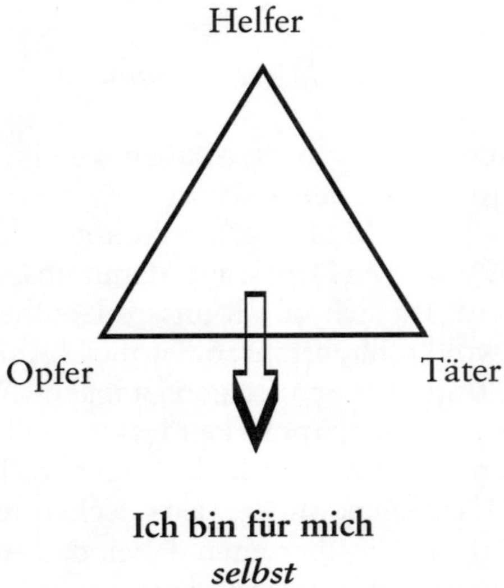

Das „Drama-Dreieck“

Vom Wesen der Gefühle

Von der Ekstase bis zur blinden Wut reicht die Bandbreite unserer Gefühle. Wir sind jedoch keine „bösen“ Menschen, weil wir scheinbar negative Emotionen haben.

Gefühle können wie Wolken am Himmel oder wie mächtige Wellen des Ozeans sein. Wenn wir uns mit ihnen identifizieren und glauben, daß wir diese Gefühle *sind,* werden wir von ihnen abhängig. Es wird uns dann kaum gelingen, belastende Emotionen loszulassen, um dadurch Raum für neue, harmonische Emotionen zu schaffen.

Wir *sind* nicht unsere Gefühle, wir *haben* Gefühle! Gefühle sind der natürliche Ausdruck unserer Reaktionen. Wenn wir uns wegen unserer Gefühle verurteilen, schwächen wir uns und erschweren uns den Weg zur Veränderung. Der Schlüssel zum Loslassen negativer Gefühle liegt darin, sie ohne Urteil zu akzeptieren.

Grundeinstellungen

Aufgrund unserer Glaubenssätze haben wir eine ganze Reihe von Grundmustern, mit denen wir *agieren.* So zeigen wir z. B. Gefühlskälte – in der Meinung, wir könnten dadurch unser Ziel erreichen. Wir üben Druck aus, damit unser „Wille“ angenommen wird. Da sich durch unsere Gefühlskälte natürlich niemand wohl fühlt, erfahren wir meist Ablehnung, was uns wiederum traurig oder auch gereizt macht. Wenn wir uns dieses Gereizt-Sein nicht anmerken lassen wollen, reagieren wir übertrieben lieb und freundlich. Damit wollen wir einerseits taktvoll erscheinen, andererseits decken wir damit unsere Emotionen zu. Wir übersehen dabei, daß wir ein unechtes und unstimmiges Bild vermitteln.

Auch demonstratives Gelangweilt-Sein ist ein Versuch, uns interessant zu machen und den anderen zu zwingen, uns zu beachten. Wir wollen Interesse auf uns ziehen, indem wir unser Interesse einschränken.

Wenn wir dann aber unserem eigenen Gelangweilt-Sein glauben, fühlen wir uns bald apathisch und entwickeln ein undefinierbares Verlustgefühl.

Wir können uns aber auch selbst ein Identitätsgefühl geben, indem wir in das Spiel des Interessiert-Seins einsteigen. Es ist ein Spiel von hoher Wirksamkeit, das uns für andere interessant macht. Interessiert-Sein ist ein subtiler Versuch, in der Überlegenheitsrolle die Kontrolle über eine bestimmte Situation zu erlangen. Dabei sind wir uns nicht bewußt, daß jede Form von Kontrolle auf den Verlust von Liebe und Klarheit hinausläuft.

Wenn wir merken, daß wir die Kontrolle verlieren, werden wir ärgerlich. Wir sind frustriert, böse, ja vielleicht sogar wütend bis rasend. „Frustriert-Sein" soll zeigen, daß wir alles versucht haben und jetzt wollen, daß der andere die Initiative ergreift. „Böse-Sein" soll signalisieren, daß wir vom anderen erwarten, Angst zu haben. „Wütend-Sein" soll dies noch verstärken. Sind wir erst einmal „rasend", soll der andere davon vollkommen überwältigt werden.

Alle diese Ausdrucksformen des Ärgers sind jedoch letztlich nur ein unbeholfener Versuch, Liebe und Zuwendung zu erhalten. So ist auch ausgeprägter Haß eine Polarität der Liebe.

Sieben Maximen des Verstehens

1. Höre mit dem Herzen zu, nicht mit dem Kopf.

2. Vielleicht habt ihr manchmal Probleme in der Kommunikation, weil nur einer von euch glaubt, etwas zu sagen zu haben. Wollt ihr das verbessern, dann teilt euch einmal eure Redezeit ein und haltet euch auch dann daran, wenn einem gerade nichts einfällt.

3. Wenn jemand einer Aussage von dir allzu kritisch gegenübersteht, gibt es möglicherweise etwas, was derjenige

noch nicht verstanden hat. Es liegt immer in deiner Verantwortung, das Rechte und Notwendige zu vermitteln. Mache dir bewußt, daß es letztlich immer das Resultat guter Kommunikation ist, wenn ihr euch versteht.

4. Bleibe bei einem Gespräch immer so lange beim Thema, bis es wirklich geklärt ist. Verstehen ist der einzige Weg, um menschliche Beziehungen und ihre Verknüpfungen zu klären.

5. Ein „Sich-nicht-Verstehen" kann nur geklärt werden, wenn es zur Sprache gebracht wird.

6. Betrachte dein Gegenüber als eine individuelle Seele und nicht nur als einen Körper, der dir gegenübersteht. Sei dabei wirklich der Beobachter. Derjenige, den du vor dir siehst, hat Priorität. Du kommst erst an zweiter Stelle.

   (Wenn du dich an die erste Stelle setzt, nimmst du dich so wichtig, daß du kein neutraler Beobachter mehr sein kannst.)

7. Sei als Beobachter aufmerksam, damit du siehst, ob dein Gegenüber dich versteht. Vielleicht erkennst du, welche Hintergrundinformationen der andere noch benötigt, um dich zu verstehen.

Die Beobachterrolle

Meist fällt es uns schwer oder ist uns gar unmöglich, eigene Verhaltensmuster zu erkennen, da wir uns zu sehr mit unserem Verhalten identifizieren. Wir glauben, daß wir unsere Gefühle *sind*, und verkennen dabei, daß wir es sind, die sie erzeugen.

Erst wenn wir lernen, uns selbst mit etwas Abstand und Humor zu beobachten, erreichen wir ein tieferes Verständnis von uns selbst und anderen.

Die nachfolgende Übung gibt dir die Möglichkeit, jederzeit relativ leicht in diese Beobachterrolle gehen zu können. Wichtig ist, daß du diese Übung, bevor du sie mit anderen machst, zunächst einige Zeit allein durchführst, damit du die Erfahrung machst, wie es sich anfühlt, von der emotionalen Ebene auf die Ebene der Seele oder des höheren Selbst zu gehen.

Mache diese Übung abends kurz vor dem Zu-Bett-Gehen oder auch im Bett, wenn du dir sicher bist, dabei nicht einzuschlafen.

Wenn du soweit bist, konzentriere dich für einen Moment auf deinen Atem, um still zu werden und die Gedanken zur Ruhe kommen zu lassen.

Nun imaginiere auf deiner Stirn zwischen und etwas über deinen Augenbrauen einen *Lichtpunkt* von etwa einem Zentimeter Durchmesser. Stelle dir vor, dies wäre der Ort deiner Seele, an den du dich zurückziehen kannst.

Gehe mit deinem Bewußtsein in diesen Lichtpunkt, um von dieser Ebene den zurückliegenden Tag zu betrachten. Wenn du bemerkst, daß du in eine Wertung verfällst, kannst du sicher sein, daß du von der „Seelen-Ebene" auf die emotionale Ebene zurückgefallen bist. In der ersten Zeit des Übens wird das womöglich öfter vorkommen. Es ist zunächst wie ein Pingpong-Spiel, wenn du immer wieder von einer Ebene auf die andere wechselst. Doch im Laufe der Zeit wirst du feststellen, daß du immer länger auf der Seelen-Ebene in deinem Lichtpunkt bleibst, um wertungsfrei das Geschehen des vergangenen Tages zu betrachten. Akzeptiere dabei alles so, wie es eben war.

Es ist im Leben immer zunächst alles so, wie es ist. Wenn du z.B. den Regen betrachtest, stellst du fest, daß er naß ist. Wenn du den Schnee betrachtest, stellst du fest, daß er kalt ist. Es ist *nicht* wegen dir so. Du kämst nie auf die Idee, dies ändern zu wollen. Alles ist so, wie es ist! Und dies hat auch seine Gültigkeit im alltäglichen Geschehen.

Wenn du diese Übung bis zu zwei Wochen lang regelmäßig durchführst, wirst du feststellen, daß du auch tagsüber plötzlich immer öfter in die Beobachterrolle gehen kannst. Vergegenwärtige dir dafür den Lichtpunkt auf deiner Stirn und stelle dir vor, daß auch die Person, mit der du gerade zu tun hast, einen solchen Lichtpunkt hat.

Du erkennst dabei, daß auch dein Gegenüber eine Seele ist, die sich den Körper, den du mit deinen physischen Augen siehst, gewählt hat, um eigene Erfahrungen zu machen.

Gerätst du dann in eine emotionale Situation, die du mit etwas Abstand besser klären könntest, so betrachte die Angelegenheit von deinem Lichtpunkt aus und kommuniziere zwischen deinem und dem Lichtpunkt deines Gegenübers. Vielleicht bemerkst du, daß du die emotionale Reaktion, die in dir hochkam, loslassen kannst und deine Reaktion nun plötzlich eine ganz andere ist. Du bist wesentlich gelassener und innerlich ruhig. Deine Wahrnehmung verändert sich, und du kannst den anderen in seinem So-Sein akzeptieren. Auch er ist eben so, wie er ist. Es ist nicht deine Aufgabe, ihn so zu verändern, wie du ihn haben möchtest.

Jeder Mensch ist für sich selbst verantwortlich – nicht nur der andere, sondern auch du. Wenn du die Erfahrung machst, daß du ein aufsteigendes Gefühl stoppen und durch eine neue Betrachtungsweise verändern kannst, hast du einen großen Schritt zur Eigenverantwortung getan.

Wahre Liebe ist nicht davon abhängig,
ob sie erwidert wird. Sie ergießt sich unablässig über
alle und alles in ihrem Wirkungskreis und findet
innere Erfüllung in diesem Akt des Selbstausdrucks.

Liebe entsteht aus einer unerschöpflichen Quelle
und braucht nichts weiter, um zu wachsen,
denn sie bezieht das Wasser ihrer Erneuerung
aus einem Brunnen, der unbegrenzt ist.

H. K. Challoner

Die Energie der Gedanken

Mit nichts gehen die Menschen so sorglos
und unachtsam um wie mit ihren Gedanken.
Und doch sind die Gedanken
die Vorläufer der Worte und Taten.
Weil niemand die Gedanken zu lesen vermag,
darum läßt man ihnen freien Lauf.
Die rechte Gedankenpflege ist aber für
den Gewinn von Seelenruhe, Seelenfrieden, Seelenstärke
ganz und gar unerläßlich.
Achte vor allem darauf,
daß in dem Garten deiner Gedanken und Gefühle
die Blumen der Liebe blühen.
Kümmere dich nicht um das Unkraut.
Wenn du bemerkst, daß auch Gedanken des Ärgers,
des Zorns, der Abneigung, des Hasses und Neides
in dir aufsteigen wollen, grolle ihnen nicht.
Beachte sie nicht und lasse sie ruhig geschehen.
Aus Mangel an seelischer Kraft müssen
die unerwünschten Gedanken schließlich sterben.

K. Thöma

Da das Universum geistiger Natur ist, ist geistige Energie die höchste Kraft. Je nach ihrer Schwingung und ihrer Frequenz ist sie für uns als grobstoffliche Materie mit den körperlichen

Sinnen oder im feinstofflichen Bereich intuitiv wahrnehmbar.

Für viele Menschen existieren nur Dinge, deren Schwingung sie wahrnehmen können. So kann ein Blindgeborener keine Farben sehen, ungeachtet dessen, was seine Freunde oder auch die Wissenschaft behaupten. Für ihn gibt es keine Farben.

Aber das sollte kein Grund für ihn sein zu behaupten, es gäbe keine Farben. Im Bewußtsein mancher Menschen existieren eben Dinge, die für andere nicht wahrnehmbar sind.

Jeder Gedanke ist eine Energieform, welche die Wirklichkeit ändert. Die geistigen Energien der Gedanken sind mentale Schwingungen, die aufbauen oder schwächen können.

Aus der Energie unserer Gedanken erwachsen unsere Gefühle, Erfahrungen, Charaktereigenschaften und Handlungen.

Wir wissen aus eigener Erfahrung, daß „positive" Gedanken, die von Ruhe, Frieden oder Liebe getragen sind, mit ihrer hohen mentalen Schwingung ein Wohlgefühl auslösen. „Negative" Gedanken, die sich in Zweifeln, Aggressionen und Problemen äußern, haben hingegen eine niedrige Schwingung, die Gereiztheit, Spannung und Ärger verursacht.

Ob wir uns wertvoll oder minderwertig fühlen, hängt davon ab, wie wir über uns denken. Wir sind es, die in jedem Moment unseres Lebens über unseren Wert entscheiden. Demnach kann uns niemand das Gefühl geben, klein und unbedeutend zu sein, wenn wir es durch unsere Geisteshaltung nicht zulassen. Meist nehmen wir es anderen übel, wenn sie schlecht über uns reden oder uns kritisieren. Doch wie gehen wir mit uns selbst um? Ist es nicht so, daß wir uns selbst oft unschöne Worte an den Kopf werfen und keine Gelegenheit auslassen, uns einzureden, wir seien weniger wert als andere? Wir tun uns selbst mehr an, als wir uns von anderen gefallen lassen würden. Behandle dich deshalb mit der Freundlichkeit, die du auch von anderen erwartest.

Wenn wir auf die Worte eines anderen gekränkt reagieren, dann nur deshalb, weil wir den Worten des anderen großes Gewicht beimessen und innerlich – wenn auch unbewußt – zustimmen. Warum tun wir das? Weil wir über uns genauso denken wie der andere. Nur wenn wir von uns selbst überzeugt sind („Ich bin in Ordnung"), sind wir nicht verletzbar.

Erkennen wir das „Positive" in uns, sollten wir es kultivieren; erkennen wir das „Negative", können wir es durch das „Positive" ersetzen.

Betrachten wir es als ein spezielles Training. Und so, wie jemand eine bestimmte Sportart trainiert und sich dabei von einem Trainer unterstützen läßt, können wir uns bei der Disziplinierung des Geistes durch einen erfahrenen Meditationslehrer unterstützen lassen. Mit dem nötigen Fleiß sind wir irgendwann unser eigener Meister und benötigen keine Führung von außen mehr.

Manchen wird es widerstreben, daß ich von positiven und negativen Gedanken spreche, da sie meinen, es gäbe nichts Negatives, sondern höchstens weniger Vollkommenes. Doch ich will deutlicher zum Ausdruck bringen, was uns in unserer Bewußtseinsentwicklung weiterbringt und was nicht.

Gedanken sind ein Instrument, mit dem man kreativ formen und schöpfen, aber auch Leben zerstören kann. Unsere Gedanken sind es, die unsere Empfindungen bestimmen. Doch wie ist es, wenn uns ein anderer mit Unfreundlichkeit, Skepsis oder Unverschämtheit reizt und verärgert? Fühlten wir uns zuvor noch entspannt, reagieren wir plötzlich betroffen oder aggressiv und geben natürlich dem anderen die Schuld. War es aber nicht so, daß sich unsere eigenen Erwartungen, die wir in den anderen setzten, nicht erfüllt haben? Es ist unsere enttäuschte *Erwartung*, die uns schließlich ärgerlich macht. Hätten wir ihn statt dessen in seinem So-Sein akzeptiert und angenommen, könnten wir gelassen und freundlich bleiben.

Wie sollen wir uns also verhalten, wenn der andere mit einer ärgerlichen Geste auf uns zukommt? Zunächst wechseln wir mit unserem Bewußtsein in die *Beobachterrolle* und stellen fest, was er überhaupt will. Als neutraler Beobachter erkennen wir, daß der andere erwartet, daß wir ihn anhören, ihn verstehen und vielleicht etwas für ihn tun können. Sobald wir wirklich zuhören und ihm sagen, daß wir ihn verstanden haben, wird er entspannter reagieren. Treten wir ihm ohne Erwartungshaltung gegenüber und bleiben innerlich ruhig und gelassen, strahlt unsere positive Schwingung auf unser Umfeld aus.

Auch wenn sich der andere erregt und voller Spannung zeigt, können wir mit unserer entspannten Energie beruhigend auf ihn einwirken. Er wird auch uns zuhören können, und das Gespräch wird ohne Aggression und gegenseitige Abwertung verlaufen. Doch sobald wir aufgrund einer unerfüllten Erwartung innerlich instabil werden, nehmen wir wie ein Staubsauger die Energie des anderen in uns auf und „fallen" auf eine niedrigere Schwingungsebene.

Von Brent Secunda, einem Schamanen der Huichol-Indianer, lernte ich, wie man seinen Ärger transformieren kann: „Sei mit deinem Ärger in einem dunklen Raum, stelle dir eine Türe vor, die du öffnest. Dann lasse den Ärger hinaus und das Licht herein. Lasse dich von diesem Licht durchströmen und den Raum in dir ausfüllen, der zuvor von deinem Ärger besetzt war."

Den Frieden in der Welt oder in unserer Familie herzustellen gelingt nur, wenn wir zuvor Frieden und Harmonie in uns selbst gefunden haben. Der wichtigste Schritt dazu ist die Erkenntnis, daß es die verinnerlichten Gedanken sind, die unsere Einstellung zu allen Geschehnissen und Umständen um uns herum prägen. Wir sind somit für all unsere Muster und Blockaden selbst verantwortlich.

Mit der Energie unserer Gedanken schaffen wir Elementale. Das sind feinstoffliche Energieformen, die „positiver" oder „negativer" Natur sein können – je nachdem, durch welche Gedanken sie kreiert wurden. Liebevolle Gedanken schaffen Elementale, die unsere Liebesfähigkeit stärken. Unfreundliche Gedanken schaffen Elementale, die von anderen Personen, die selbst in dieser Frequenz schwingen, aufgenommen werden können. All diese ausgesandten Energien verbinden sich mit ihren ähnlichen Schwingungen. Durch diese Resonanz kehren sie immer wieder zu uns zurück. Dies ist ein kosmisches Gesetz. Laut Daskalos, dem großen zypriotischen Mystiker und Heiler, werden sie sogar noch siebenfach verstärkt. Wir allein können also wählen, mit welchen Energien wir unser Leben gestalten wollen.

Ein physikalisches Gesetz besagt: „Schwingungen auf hoher Ebene sind kraftvoller als die auf tieferer Ebene." Die Grundgesetze der Natur können wir in unsere Art des Denkens mit einbeziehen.

Für Aristoteles (384–322 v. Chr.) war der Geist (als nichtstoffliche Energie) die formende Kraft. Er erkannte, daß Gedanken nicht außerhalb des Körpers, sondern in ihm als bewegende Kraft wirken.

In den Lehren des Hermes Trismegistos, die wir im *Kybalion* nachlesen können, heißt es: „Wenn du deine Stimmung oder einen anderen geistigen Zustand ändern willst, so ändere deine Schwingung."

„Willst du einen unerwünschten Schwingungsgrad beseitigen, so setze das Prinzip der Polarität ein und konzentriere dich auf den entgegengesetzten Pol dessen, was du zu ändern wünschst. Verändere das Unerwünschte, indem du seine Polarität wechselst."

Auch Paramahansa Yogananda spricht über die Energie der Gedanken: „Gott hilft denen, die sich selbst helfen. Er hat euch Willens- und Konzentrationskraft, Glauben, Vernunft und gesunden Menschenverstand verliehen, damit ihr euch bei allen körperlichen und geistigen Leiden selbst helfen könnt; alle diese Fähigkeiten müßt ihr einsetzen, während ihr ihn gleichzeitig um Unterstützung anruft. Wenn ihr betet oder Heilmeditation anwendet, sagt euch immer, daß ihr die göttliche Kraft gebraucht, um euch selbst oder andere zu heilen."

Mit der Verbreitung der humanistischen Medizin haben wir wieder erkannt, daß der Mensch als ein Mikrokosmos im Makrokosmos zu verstehen ist.

Durch die Energie des neuen Zeitalters öffnen sich für uns alte Weisheiten. Es ist uns z. B. wieder bewußt geworden, daß wir durch unsere Vorstellungskraft Krankheiten sowohl verursachen als auch heilen können.

Pioniere der humanistischen Medizin in den USA wie Louise Hay, Dr. O. Carl Simonton oder Dr. John Pierakos zeigen uns, daß Kranke, die als unheilbar galten, durch die Kraft der Gedanken Heilung erfahren können.

Besonders wertvoll können dabei Affirmationen sein – bekräftigende Aussagen, die in uns die Fähigkeit wecken, unseren Heilungsprozeß selbst zu unterstützen.

Durch Affirmationen verwandeln wir negative in positive Gedankenmuster. Das ist die erste Voraussetzung für Selbstheilung. Wir können es uns zur Gewohnheit machen, täglich zu bestimmten Zeiten lebensbejahende Affirmationen zu wiederholen. Wir nützen dadurch unsere innere Macht. Gedanken und Worte, für die wir uns heute entscheiden, werden unser Morgen bestimmen.

Wir sollten genau auf unsere Aussagen und Einstellungen achten. Wenn wir bemerken, daß wir eine bestimmte Aussage öfter als dreimal wiederholen, haben wir bereits ein Muster. Nicht nur unsere Gefühle werden von unserer gedanklichen Ausrichtung bestimmt – auch unser Körper reagiert darauf. Mit regelmäßigen Affirmationen können wir unsere Ausrichtung neu bestimmen.

Wenn Christus sagt: „Richtet nicht, auf daß ihr nicht gerichtet werdet“ und „Wer Wind sät, wird Sturm ernten“, heißt das, daß alles, was auf uns zukommt und was wir als Schicksal bezeichnen, nur die Auswirkung einer bestimmten Ursache ist, die wir selbst erzeugt haben. Allein mit unserer Gedankenkraft formen wir im „positiven“ oder „negativen“ Sinn unser Leben.

Wie stark Gedanken wirken, können wir bei folgender Übung erkennen:

Stelle dir vor, du sitzt zu Hause auf einer gemütlichen Couch und sagst zu dir selbst: „Ich liebe mich." Wenn dir dies zu ungewohnt ist, wiederhole diese Affirmation einige Male in Gedanken. Achte dabei auf deine Stimmung und dein Befinden! Wenn du dich nicht von anderen Gedanken ablenken läßt, wird sich bald ein innerliches Wohlbefinden ausbreiten.

Dann denke an etwas Erschreckendes oder Niederschmetterndes, und du wirst spüren, wie dich die Gedanken unglücklich machen. Dabei hat sich äußerlich nichts verändert. Du sitzt noch immer auf der Couch, und keiner ist da, der dich in irgendeiner Weise verletzt oder traurig macht. Dennoch hat sich deine Hochstimmung in Niedergeschlagenheit verwandelt. Das ist geistige Alchimie. Du erkennst dich als Verursacher deiner Gefühle und Stimmungen. Du bist nicht länger das „Opfer" anderer, wie du vielleicht bisher angenommen hast.

Wenn du dich für nicht liebenswert hältst, kannst du dir auch nicht vorstellen, daß jemand dieses Nicht-Liebenswerte mag. Infolgedessen wirst du einem anderen mißtrauen, wenn dieser dir sagt, daß er dich liebt. Du wirst ihm dann unterstellen, daß er unehrlich ist, weil er dir vielleicht nur nicht weh tun will. Du kannst dich immer nur in dem Maße geliebt fühlen, wie du dich selbst liebst.

Laß dich noch einmal dazu verleiten, zu dir selbst zu sagen: „Ich liebe mich!" Wenn du dies zum ersten Mal probierst, werden dir tausend Argumente einfallen, warum du dich nicht liebenswert finden kannst. Du wirst sagen: „Ich bin zu dick", „Ich bin zu eifersüchtig" oder „Ich habe zu viele Falten". Schau dir all diese Argumente an und nimm dir Zeit, sie wirklich alle aufzuzählen – und dann kehre einfach die Vorzeichen um.

Erlaube dir, geistige Alchimie zu üben. Sei der Meister deiner Gedanken und Gefühle. Erlaube dir zu sagen: „Ich bin zu dick und dabei liebe ich mich", „Ich habe viele Falten und liebe mich damit. Ich liebe jede einzelne von ihnen, denn sie sind ein Teil von mir".

Die meisten Menschen können sich selbst nicht lieben, weil sie Dinge und Eigenschaften bei sich erkennen, die sie auch bei anderen nicht akzeptieren.

Daß diese Unterdrückung der Liebe für unser Wachstum schädlich ist, begreifen wir oft erst sehr spät.

Wenn wir in uns Neigungen wie Haß, Zweifel, Böswilligkeit oder sinnliche Begierde finden, sollten wir sie annehmen und als eine unserer inneren Polaritäten und als einen wichtigen Teil von uns akzeptieren. Wir können dann immer noch entscheiden, was wir mit ihnen machen – ob wir sie leben und zum Ausdruck bringen wollen oder ob wir einfach die Polarität wechseln.

Ein berühmter Meditationsmeister im Nordosten Thailands, Tan Achaan Cha, wurde einmal beschuldigt, Haß in sich zu haben. Er sagte dazu nur: „Das mag sein, aber ich mache keinerlei Gebrauch davon." Seine Antwort zeugt von tiefem Verständnis der menschlichen Natur.

Sei bereit, auch den „unansehnlichsten" Teil von dir zu lieben. Akzeptieren und lieben ist der Beginn jeder Transformation. Geh noch einmal in dich und fange deine Gedanken ein!

Was denkst du in diesem Augenblick? Sind es Gedanken voller Sorge oder Ärger, Verletzung oder Rache? Was meinst du, wie werden diese Gedanken zu dir zurückkommen? Möchtest du, daß Gedanken dieser Art dein Leben bestimmen?

Sich und andere so zu akzeptieren, wie wir oder sie gerade sind, erleichtert uns die Beziehung zu uns selbst und zu den anderen. Erst, wenn wir uns selbst „realistisch" sehen und akzeptieren, wird es uns möglich, mit unbeschwertem Herzen wahrhaftig zu lieben.

Wenn du dir ein Leben voller Freude und Liebe wünschst, achte darauf, daß deine Gedanken dementsprechend ausgerichtet sind. Sendest du liebevolle Gedanken aus, wirst du Liebe empfangen.

Loslassen

Solange unser Geist an niederen Belangen interessiert ist, ist er zu schwerfällig, um in höhere Bewußtseinsbereiche vorzudringen. Wir können lernen, von Neigungen wie Gier und Haß, die uns in niederen Bewußtseinsbereichen festhalten, loszulassen. Solange wir nicht loslassen, können wir nicht wirklich meditieren.

Dieses Loslassen können wir in jeder Meditation üben. Vielleicht gelingt es uns, auch nur einige unserer üblichen Reaktionen fallenzulassen – z. B. indem wir ein aufsteigendes Gefühl erkennen und dabei in den Gegenpol wechseln.

Wir sind durch unsere Prägungen zu richtigen „Klammerern" geworden. Wir halten an liebgewonnenen Personen fest oder können uns innerlich nicht von Menschen lösen, von denen wir uns vom Verstand her schon lange getrennt haben. Doch solange die Beziehung nicht auch auf der Ebene des Emotionalkörpers gelöst wurde, tragen wir das ganze Leben oder länger den Schatten dieser Verbindung mit uns herum. Ebenso macht es manchen Menschen trotz bester Voraussetzungen Mühe, eine Krankheit loszulassen.

Das Loslassen im Alltag wird uns im Laufe der Zeit leichter fallen, wenn wir es in der Meditation üben.

Eine Loslaß-Übung

Stell dir vor, daß du in einen Raum gehst, in dem ein besonderer, großer Spiegel angebracht ist. Darin wirst du dich nicht *selbst,* sondern eine Person sehen, mit der du diese Loslaß-Übung durchführen möchtest.

Du visualisierst diese Person so deutlich wie möglich. Gehe so nahe auf den Spiegel zu, daß du die Gesichtszüge der anderen Person deutlich erkennen kannst.

Dann stellst du dir vor, daß zwischen dir und deinem Gegenüber eine Art „Nabelschnur“ entsteht, welche die emotionale Verbindung zwischen euch darstellt. Laß dieses Symbol so sein, wie es der Intensität der emotionalen Verbindung am besten entspricht. Es kann eine Lichtschnur, ein Seidenband, ein starkes Schiffstau oder ähnliches sein. Bei manchen meiner Seminarteilnehmer waren es sogar Eisenstangen oder Ketten. Du visualisierst, was gerade für dich richtig ist und der Intensität eurer emotionalen Verbindung entspricht. Es können sich durchaus auch mehrere Verbindungen an verschiedenen Körperstellen zeigen.

Als nächstes klärst du, ob du wirklich bereit bist, die symbolische Nabelschnur zu lösen, die eure emotionale Energie repräsentiert. Wenn du damit einverstanden bist, setzt du dich innerlich mit der von dir visualisierten Person in Verbindung und fragst sie, ob auch sie bereit ist, diesen Prozeß mitzumachen.

Dabei kann es zu überraschenden Reaktionen kommen. Dein „Gegenüber“ will vielleicht ausweichen oder sonstige Tricks anwenden, um dich von deinem Vorhaben abzubringen. Es ist jetzt deine Aufgabe, deinem Gegenüber bewußtzumachen, wie wichtig es ist, daß sich jeder gemäß seinen eigenen Aufgaben und ohne Einschränkung entwickelt. Und das geht nur, wenn wir uns frei drehen und wenden können, ohne durch die Energie dieser „Nabelschnur“ behindert zu werden.

Wenn es dir schließlich gelingt, das Einverständnis deines Gegenübers zu erhalten, greifst du mit deiner rechten Hand (Linkshänder mit der linken) an jene Körperstelle, wo du das euch verbindende Symbol siehst. Atme tief ein, um beim *Ausatmen* diese Verbindung behutsam zu lösen. Stell dir dabei vor, wie dein Gegenüber dies genauso macht.

Wenn du an mehreren Stellen am Körper „Verbindungen“ spürst, wiederhole diesen Prozeß, indem du mit der Ausatmung die energetische Verbindung löst. Die losgelösten

Energien legt ihr dann in der Form des jeweiligen Symbols zwischen euch.

Es *kann* sein, daß du daraufhin einen Schmerz an einer dieser Stellen verspürst, wie bei einer körperlichen Wunde. Diese Wunde wird spontan heilen, wenn du dir vorstellst, wie kosmische Energie in Form von zartblauem Licht in diesen Bereich fließt.

Du kannst auch die „verletzte“ Stelle fragen, welche Farbe sie zu ihrer Heilung benötigt. Du wirst innerlich eine Farbe genannt bekommen. Mit deiner Vorstellungskraft sendest du dann das Licht dieser Farbe in den schmerzenden Bereich. Auch dein Übungspartner wird möglicherweise noch eine Unterstützung benötigen. Sende ihm Licht und Liebe – und du wirst „sehen“, wie auch er oder sie in die Harmonie findet.

Danach stelle dir vor, wie du dich jetzt, frei von diesen Beschränkungen, um die eigene Körperachse drehen und wenden kannst, wie du es willst. Erlaube dir, diese *Bewegungsfreiheit* vollständig wahrzunehmen.

Daraufhin setzt du dich innerlich mit der Person im Spiegel in Verbindung, um zu klären, wie ihr die zwischen euch liegende Energie endgültig auf eine höhere Ebene transformieren wollt. Wenn es sich um brennbares Material handelt, könntet ihr z. B. ein Feuerritual machen. Erlaubt euch dabei, diese Transformation mit Freude zu zelebrieren. Ihr seid frei von allem, was euch auf der emotionalen Ebene eingeschränkt hat. Jetzt könnt ihr in wirklicher Liebe aufeinander zugehen.

Nach diesem Transformationsritual bedanke dich bei deinem Übungspartner und nutze die Gelegenheit, um noch eine Botschaft der Liebe zu vermitteln, bevor ihr euch voneinander verabschiedet.

Menschen, die wir gern haben, gehen uns durch diesen Loslösungsprozeß nicht verloren. Es verändert sich lediglich unsere Beziehung zu ihnen – sie wird entscheidend verbessert.

Wenn du diese Übung mit einem Elternteil oder mit deinem Lebenspartner gemacht hast, wirst du feststellen, daß euer Umgang miteinander harmonischer und liebevoller wird.

Die Teilnehmer meiner Meditationsseminare überrascht es immer wieder, daß sie oft wenige Tage nach der Loslaß-Übung von ihrem „Spiegelpartner" angerufen werden oder einen Brief bekommen. Häufig erfahren sie eine angenehme Veränderung im Verhalten des anderen und eine neue Art von Liebe.

Wirklich lieben heißt loslassen! Jemanden wahrhaft lieben können wir nur, wenn wir uns von unseren Erwartungen und Vorstellungen, wie der andere sein sollte, lösen.

Unsere Liebe müssen wir spätestens dann in Frage stellen, wenn wir frustriert oder gar ärgerlich reagieren, wenn sich der andere nicht so verhält, wie wir es gern hätten. Wer mit einer solchen Erwartungshaltung lebt, bei der Enttäuschungen unausweichlich sind, gerät auf eine niedere Schwingungsebene, die sich einerseits auf ihn selbst nachhaltig auswirkt und andererseits Probleme mit seinem Partner heraufbeschwört.

Mit dieser innerlichen Arbeit an uns sind wir in der Lage, unsere Beziehungen auf emotionaler Ebene zu klären oder auch harmonisch aufzulösen.

Mitunter kann es sehr wichtig sein, diesen Loslösungsprozeß auch mit bereits Verstorbenen zu machen. Da wir in unserer „Trauer" von ihnen nicht loslassen, hindern wir sie mit unseren emotionalen Bindungen daran, sich weiterzuentwickeln und in höhere Sphären zu gelangen.

Die Spiegel-Übung kann auch mit Seelen durchgeführt werden, die vielleicht von sich aus von irdischen Beziehungen nicht loslassen, damit sie ihren Weg ins Licht finden können.

Nach diesen Übungen verstehen wir, daß wir gesundheitliche und emotionale Probleme nur lösen können, wenn wir bereit sind, Ursachen zu erkennen und deren Energie loszulassen.

Loslassen heißt: Entfaltung auf allen Ebenen!

Alles Äußere ist
nach außen gehobene und
verschleierte innere Realität.

Buddhistisches Sprichwort

Anima und Animus – Die „innere Frau" und der „innere Mann"

Die „innere Frau"

Es ist viel die Rede von den „Göttinnen in dir", die du finden und mit denen du dich versöhnen oder gar identifizieren sollst. Ich denke jedoch, daß der erste Schritt zunächst zur inneren Frau führen sollte.

Jeder trägt einen weiblichen und einen männlichen Aspekt in sich. Der große Analytiker C. G. Jung bezeichnete sie als *Anima* und *Animus*. Diese Aspekte stehen für unsere innere Dualität, die im Chinesischen als Yin und Yang bezeichnet wird.

Ebenso wie die chinesische Medizin bestrebt ist, im Körper einen Ausgleich von Yin und Yang herzustellen, ist es für C. G. Jung wichtig, in der menschlichen Psyche das weibliche und das männliche Potential, die Anima und den Animus, auszugleichen und in Harmonie zu bringen. Jung liebte seine Anima, das geht aus seiner Autobiographie deutlich hervor. Er hielt Zwiesprache mit ihr und fand in ihr eine Quelle der Inspiration und Weisheit.

Wie sieht es bei der *Frau* von heute aus? Ist sie nicht allzuhäufig aus dem Gleichgewicht geraten? Gerade bei der Frau, die heutzutage leicht in eine Rolle gerät, in der sie glaubt, „ihren Mann" stehen zu müssen. Dabei verdrängt sie oft schon im Mädchenalter vieles von dem, was sie eigentlich als Frau fühlt.

Die Emanzipationswelle hat diesen Prozeß noch zusätzlich unterstützt. „Frau" wollte und sollte stark sein, um gegen das Patriarchat vorzugehen. Nach meinem Gefühl wäre es vielleicht effektiver gewesen, wenn die Frau ihr wahres Potential, das der *Anima*, dazu eingesetzt hätte. So aber verstärkte sie permanent ihren „männlichen Aspekt" – eine Entwicklung, die sich schon seit Generationen vollzieht. Der *„Anima-Aspekt"* geriet in Vergessenheit und muß heute erst wieder gesucht werden. Die nachfolgende meditative Übung ist dabei sehr hilfreich.

Versöhnung mit der „inneren Frau"

Begib dich in deine gewohnte Meditationshaltung. Verwöhne dich dabei, indem du eine Duftlampe oder ein Räucherstäbchen anzündest. Zünde dir auch eine Kerze an, um frei werdende, für dich nicht mehr brauchbare Energien zu verbrennen.

Entspanne dich mit Unterstützung deines Atems. Laß alle Verspannungen und Blockaden mit dem Ausatmen einfach los. Du nimmst dir vor, in dieser Übung deinen weiblichen Aspekt wieder zu dem werden zu lassen, was er tief in dir schon immer war.

Über eine Phase der Konzentration gelangst du in deine innere Stille. Dazu eignet sich ein Mandala (im Buchhandel gibt es inzwischen wunderbare Mandala-Bücher und -Kalender), auf das du deine ganze Aufmerksamkeit lenkst. Dadurch läßt du keinen Raum für unnötige Gedanken und wirst allmählich immer ruhiger. Dann schließt du die Augen, um dir ein inneres Bild zu visualisieren.

Anima und *Animus* im Baum des Lebens

Herbert Hoffmann

Stell dir vor, wie du auf einer Wiese stehst und das dich umgebende Gras wahrnimmst. Vielleicht findest du sogar Blumen. Wenn du genau hinfühlst, kannst du das Gras mit deinen Füßen spüren.

Schaue dann nach links und visualisiere, wie dein *weiblicher* Aspekt auf dich zukommt. Sei nicht überrascht, wie sich dieser Aspekt im ersten Moment für dich zeigt. Er wird sich ganz sicher anders zeigen, als du ihn erwartet hast. Berührt euch mit den Händen und schaut euch in die Augen.

Vielleicht erkennst du, wie konditioniert dieser weibliche Aspekt schon ist. Diese „Anima" ist es möglicherweise gewohnt, ihren Wert immer durch andere zu erfahren. Dadurch befindet sie sich in einem Zustand von Abhängigkeit, da sie sich ständig in den Wertungssystemen anderer zurechtfinden muß. Sie wagt es nicht, sich so zu zeigen, wie sie wirklich ist. Womöglich wird dies schon in ihrer äußeren Aufmachung deutlich.

Wie deine „Anima" sich auch zeigen mag, nimm sie in deine Arme und hol dir ihr Einverständnis, daß du sie bei dem anschließenden Ritual so verändern darfst, wie es dir dein Innerstes vermittelt.

Für das Ritual bittest du eines der Elemente – Feuer, Wasser oder Luft –, sich für die Transformation der Energien, von denen sich dein weiblicher Aspekt lösen will, zur Verfügung zu stellen.

Wenn du dich für das Element Feuer entscheidest, stell dir eine *violette* Flamme vor, die deinen weiblichen Aspekt zwar einhüllt, körperlich aber unversehrt läßt und nur das transformiert, von dem sich deine „Anima" lösen kann.

Bei dem Element Wasser könnte sich dein weiblicher Aspekt unter einen nicht zu starken Wasserfall stellen, um die nicht mehr benötigten Energien einfach abzuwaschen.

Beim Element Luft kann es z. B. ein starker Wind sein, der alles mitnimmt, was dein Anima-Aspekt an energetischen Blockaden loslassen kann.

Für welches Element du dich auch entscheidest: Sei bereit, wirklich dein eigener Meister und Schöpfer zu sein – als würdest du ein neues Drehbuch für deine Weiblichkeit schreiben. Im nachfolgenden Ritual läßt du deinen weiblichen Aspekt jene Fähigkeiten und Eigenschaften entwickeln, die du von nun an erfahren willst.

Übergib dem Element die Ängste, die Unwert-Gefühle, die Un-Sicherheit, den verletzten Stolz und alles Sonstige, was deine Anima behindert, wahrhaft *Frau* zu sein.

Achte darauf, daß von all dem, was losgelassen wird, jeweils die gegenteilige Energie Raum gewinnt. Schau dir an, wie deine Anima an Sicherheit gewinnt, wie sich ihr Stolz, Frau zu sein, bemerkbar macht und sie in die Lage versetzt, dies auch zu zeigen.

Bleibe so lange in diesem Transformationsprozeß, bis du das Gefühl hast, daß es im Moment nichts mehr zu verändern gibt. Dann bedanke dich bei dem Element, das dich bei diesem Ritual unterstützt hat, und laß es sich auflösen, so daß jetzt nur noch dein transformierter Anima-Aspekt zu sehen ist.

Dann folgt das Wichtigste:

Gehe nun auf deine „neue“ Anima zu, um sie in die Arme zu schließen und mit ihr zu verschmelzen. Sie ist schließlich ein Teil von dir und deine Schöpfung. All das, was du in der Übung zunächst außerhalb von dir geschaffen hast, übernimmst du jetzt in deine Persönlichkeit. Sei dabei bereit, entspannt all diese neuen Qualitäten in dir zu spüren. Visualisiere, wie und wann du erstmals diese neue Weiblichkeit leben willst.

Beende die Übung mit ein paar tiefen Atemzügen und gehe zum nächstgelegenen Spiegel, um dich zu betrachten. Es wäre nicht das erste Mal, daß nach dieser Übung eine *neue Frau* aus dem Spiegel schaut.

Der „innere Mann“

Wie sieht es mit dem „inneren Mann“ – dem Animus – aus? Der Mann hat sich zum „Herren der Schöpfung“ erhoben. Bedauerlicherweise gefiel er sich in dieser Rolle so gut, daß er sich im Laufe der Jahrhunderte immer stärker mit ihr identifizierte. Dieses Muster wurde gewissermaßen Teil der Erbmasse und hat sich in seinem Zellbewußtsein verankert.

Aufgrund der Dominanz des „inneren Mannes“ führt die „innere Frau“ bei vielen Männern ein Schattendasein. Er hat seine Anima nicht integriert und kennt seine „innere Frau“ nicht. Daher muß er dieses Bild unbewußt auf eine andere Frau projizieren. Dies ist oft der Grund für leidenschaftliche Anziehung – oder aber auch für überraschende Ablehnung, wenn er dieses Bild in sich unbewußt ablehnt.

Ein Mann sollte seinen Animus auf das „Maß der Dinge“, so wie es dem Yin- und Yang-Prinzip entspricht, hin verändern. Damit kommt seiner Anima wieder die Rolle zu, die ihr gebührt. Dazu eignen sich die gleichen Prinzipien wie in der Übung für die „innere Frau“.

Genauso kann natürlich eine Frau ihren inneren Mann oder ein Mann seine innere Frau verändern, bis die innere Polarität ausgeglichen ist. Wir müssen nur für Veränderungen bereit sein. Dazu gehört das Loslassen von alten Strukturen und die Bereitschaft, sich für Neues zu öffnen.

Dieses Ausbalancieren des männlichen und weiblichen Aspektes ist wie eine innere Ehe. Es ist die Vereinigung des Männlichen und des Weiblichen in einer Person. Dadurch wird eine Liebes- und Beziehungsfähigkeit mit weniger Projektionen ermöglicht. Das durch Verlustangst bedingte „Festklammern“ und „den anderen brauchen“ wird dann überflüssig. Erst jetzt ist es möglich, die andere Person so zu lieben, wie sie ist.

Dadurch, daß immer mehr Männer und Frauen zu ihrer inneren Ausgewogenheit finden, erübrigt sich das Gerangel um die Dominanz eines Geschlechts. Mann und Frau finden zu ihrer inneren Harmonie, indem sie das Gegengeschlechtliche in sich erkennen.

Heilung des „inneren Kindes"

Begib dich für diese Übung an einen Ort, an dem du dich entspannen kannst. Reinige dich und ziehe dir saubere Kleidung an.

Setze dich bequem und mit aufrechter Wirbelsäule vor eine brennende weiße Kerze, schließe deine Augen und laß mit deinem Atem alles los, was dich noch daran hindert, dich zu entspannen.

Beachte dann für eine Weile nur deinen Atem (siehe das Kapitel „Mit Achtsamkeit in die Meditation"). Dadurch läßt du deinen alltäglichen Gedanken keinen Raum und kannst dich tief entspannen.

Wenn du dich entspannt fühlst, stellst du dir vor, daß du dich auf einer Wiese befindest. Visualisiere eine wunderschöne Wiese, durch die ein kleiner Bach fließt, der als kleiner Wasserfall in einen Weiher mündet.

Gehe ein wenig spazieren, schaue, was du alles entdecken kannst. Und während du so umhergehst, erblickst du plötzlich ein Kind, in dem du dich wiedererkennst.

Natürlich entsteht dieses Bild durch deine Phantasie und Vorstellungskraft. Sei dir jedoch bewußt, daß es *aus dir heraus* entsteht. Es ist immer schon ein Teil von dir gewesen.

Dieses Kind kann noch sehr klein sein. Vielleicht ist es auch schon im Schulalter. Schau es dir zunächst einfach nur an, um zu erkennen, wie es dir begegnet. Es kann freudig überrascht sein und auf dich zulaufen, oder es kann auch äußerst unglücklich, ängstlich und scheu sein.

Wenn es schüchtern ist, gehe behutsam auf dieses Kind zu und biete ihm an, daß ihr euch zunächst nur die Hände reicht und in die Augen schaut. Bei dieser ersten Kontaktaufnahme erkennst du möglicherweise schon, in welchen Bereichen das Kind Heilung benötigt.

Womöglich vermißt es gerade in diesem Alter Liebe und sehnt sich nach mehr Zuwendung. Vielleicht erkennst du Ängste oder Trauer, die durch ein früheres Ereignis ausgelöst wurden. Nimm dir Zeit, um diese Gefühle wahrzunehmen, und erlaube dir dann, dieses Kind, das du einmal warst, in den Arm zu nehmen. Es ist hilfreich, in dieser Situation ein kleines Kissen in den Arm zu nehmen, um dich in deiner Visualisation zu unterstützen.

Wenn du das Kind in deinen Armen hältst, kann diese Erfahrung sehr emotional sein. Erlaube dir, wirklich alles geschehen zu lassen, was in dir vorgeht.

Spüre die Wärme des kleinen Körpers, streiche ihm über den Kopf und nimm den Duft des Haars wahr. Liebkose das Kind und laß es spüren, daß es geliebt wird. Vielleicht spürst du auch die kleinen Ärmchen, die dich umarmen. Erlaube dir, so phantasievoll wie möglich zu sein – es ist letztendlich ein Geschenk, das du dir selbst machst.

Nimm dir Zeit für diese Umarmung. Erst, wenn du wirklich bereit bist, stelle dir vor, wie du dich mit dem Kind im Arm oder an der Hand auf den Weg machst, um zu dem kleinen Weiher zu gehen, in dem ihr ein Reinigungsritual durchführen werdet.

Genießt gemeinsam den Weg dorthin. Wenn ihr angekommen seid, legt eure Kleider ab *(mit dem symbolischen Charakter, Altes abzulegen)* und sucht euch eine Stelle, an der es angenehm ist, in das nicht zu kalte Wasser zu steigen. Wenn ihr wollt, geht zu dem kleinen Wasserfall. Ihr könnt euch darunter stellen und das Element Wasser zur Transformation all der Energien nutzen, die ihr loszulassen bereit seid.

Sei dir bewußt, daß alles – *Traurigkeit, Ängste, Phobien, mangelndes Selbstwertgefühl, sich nicht geliebt fühlen* und dergleichen – nur eine Form von Energie ist. Ihr könnt es mit dem Wasser einfach abspülen. Unterstütze das Kind dabei. Es kann auch dich unterstützen, bei dir Energien abzuwaschen, die dich in deiner Entwicklung behindern.

Macht diese rituelle Übung spielerisch – es kann wirklich Spaß machen, sich zu verändern. Achte auch darauf, Raum zu schaffen für die gegenteiligen Energien. Das Gegenteil von Trauer ist z.B. die Energie der Freude, und an die Stelle der Ängste kommt die Energie der *Sicherheit* und des *Vertrauens*.

Bleibt so lange bei diesem Prozeß, bis du das Gefühl hast, daß ihr euch von all dem befreit habt, was ihr zur Zeit loslassen könnt.

Dann richte deine Aufmerksamkeit auf das Ufer. Dort erwartet euch ein geistiger Helfer, der euch als Symbol für den Transformationsprozeß frische Kleidung bringt. Diese geistigen Helfer können in vielerlei Gestalt erscheinen. Fragt euren Helfer nach dem Namen und der Botschaft, die für euch bestimmt ist, und laßt euch die neue Kleidung geben. Schau dir an, welche Farbe sie hat. Diese Farbe kann euch bei eurem weiteren Heilungsprozeß zusätzlich unterstützen.

Bedanke dich bei diesem Helfer und wende dich wieder dem Kind zu. Macht euch noch einmal das Geschenk und umarmt euch. Du kannst deutlich spüren, wie verändert und heil dieses Kind jetzt ist.

Wichtig ist, daß du dem Kind jetzt erlaubst, mit dir zu verschmelzen. Das Kind ist schließlich ein Teil von dir, den du in dieser Übung von Energien befreit und verwandelt hast. Nimm die Energie dieses Kindes in dich auf und spüre, wie du die Freude, die Sicherheit und all das in dich aufnimmst, was ihr bei dem Ritual neu gefunden habt. Laß diese Schwingungen sich ganz bewußt in deinem Körper ausbreiten und genieße sie. Während du die Energie des Kindes, das du einmal warst, in dir wahrnimmst, vereinbarst du mit ihm, daß du es ab jetzt nicht mehr vernachlässigen wirst. Wenn du willst, kannst du diese Übung zu einem späteren Zeitpunkt wiederholen, um zu sehen, welche Fortschritte dein inneres Kind gemacht hat.

Nimm dir vor, all die neuen Energien in den Alltag mitzunehmen und umzusetzen. Wenn du bereit dazu bist, löse dich von deinen Bildern und kehre mit deinem Bewußtsein in den Raum zurück, in dem du dich befindest.

Sein Kind liebkost man die ersten fünf Jahre,
dann erziehe man es zehn Jahre fest und gut;
ist es aber in das sechzehnte Jahr getreten,
dann behandle es wie einen guten Freund.

Mahabharata

Innerer Friede

Solange wir auf persönliche Überlegenheit Wert legen, können wir keinen Frieden finden. Diese Gesinnung führt immer nur zu Machtkämpfen; jedes Zur-Schau-Stellen von eigenen Fähigkeiten resultiert eher in Ruhelosigkeit als in Frieden. Wir wissen, daß wir im Leben das bekommen, wozu wir uns von Herzen entschließen. Daher ist es wichtig, daß wir uns bewußt und von ganzem Herzen für Frieden entscheiden. Es kann zunächst notwendig sein, unser Herz und die es umgebenden Mauern zu öffnen, um zu prüfen, ob wir wirklich Frieden wollen.

Oder wollen wir doch lieber unser Geltungsbedürfnis befriedigen und wichtig oder liebenswert sein? Das Geltungsbedürfnis ist oft stärker als das Bedürfnis nach Frieden. Dabei übersehen wir, daß wir dann auch immer die andere Seite der Medaille in Kauf nehmen müssen. Das heißt also, daß es dann immer Menschen geben wird, die uns nicht wichtig nehmen und uns nicht lieben oder gar ablehnen. Eigentlich ist das vollkommen normal, denn nicht einmal Buddha oder Christus wurden von allen geliebt und akzeptiert. Doch die Frage ist, wie wir damit umgehen können.

Wenn wir von Frieden sprechen, erwarten wir zunächst immer, daß die anderen abrüsten. Haben wir jemals daran gedacht, selbst mit dem Abrüsten zu beginnen? Was ist mit unserem Waffenlager, das wir in uns tragen und das aus Böswilligkeit und Ärger, aus Unwillen und vorgefaßten Meinungen besteht?

Erst wenn das alles ausgeräumt und durch Liebe und Mitgefühl ersetzt ist, wird es Frieden in unserem Herzen geben. Wir werden nie einen Frieden von außen nach innen hereintragen können. Wir müssen bei uns anfangen und unser Streben nach Macht und unsere Gier nach Besitz loslassen. Es ist unsere Gier, die uns von Freiheit und Frieden trennt.

Wenn wir in der Welt etwas verändern wollen – ob im kleinen oder im großen –, müssen wir zuerst eine Veränderung in uns selbst vollziehen. Frieden zu erlangen erfordert disziplinierte Arbeit mit dem Herzen.

Ramana Maharshi, ein großer südindischer Lehrer, sagte einmal: „Frieden und Glück sind nicht unser Geburtsrecht. Wer immer sie erlangt hat, bekam sie durch ständiges Bemühen."

Achte auf deine Gedanken,
denn sie werden Worte.
Achte auf deine Worte,
denn sie werden Handlungen.
Achte auf deine Handlungen,
denn sie werden Gewohnheiten.
Achte auf deine Gewohnheiten,
denn sie werden dein Charakter.
Achte auf deinen Charakter,
denn er wird dein Schicksal.

Aus dem „Talmud"

Teil 2

Meditation

Der Sinn der Meditation

Auf unseren Schulen wird vieles gelehrt – Chemie, Geschichte, Sprachen, Mathematik usw. Es werden Diplome und Urkunden verteilt, die sich so mancher in die gute Stube hängt, um sein Ego damit zu streicheln. Aber wer bildet Dichter, Meditationslehrer oder gar Mystiker aus? Oft werden die Wurzeln, aus denen Dichter oder Mystiker wachsen könnten, durch unser Bildungssystem im Wachstum behindert.

Mir scheint, daß gerade diese Künste, welche die Liebe zum *Sein* beinhalten, überaus wertvoll sind. Wenn wir schon auf all das an unseren Schulen gelehrte Wissen nicht verzichten können, sollten dennoch Möglichkeiten geschaffen werden, um auch das, was wirklich zum Leben gehört, zu lernen. Denn geboren zu werden heißt noch lange nicht, auch leben zu können.

Wir werden nicht geboren, um Opfer oder Sklave zu sein, sondern um zum *Meister* zu werden. Doch es sind nur wenige, die ihr mitgebrachtes Potential nutzen. Die meisten Menschen verwirklichen ihr Potential nicht, weil sie glauben, es schon getan zu haben. Sie leben in der Vorstellung, all das schon zu sein, was sie sein könnten. Sie erkennen nicht, daß das Leben eine Gelegenheit ist, um zu wachsen und aufzublühen. Daher bleibt ihr Leben stumpf und leer, bis sie beginnen, es kreativ zu gestalten und zu erfüllen.

Die Künste der Freude, des Glücks, der Liebe und des Friedens sind keineswegs angeboren. All das muß gelehrt und gelernt werden.

Das Potential zu allem ist vorhanden, doch es ist unsere Lebensaufgabe, es auch zu entfalten.

Bisher haben wir es für vollkommen normal gehalten, uns bis zu einem gewissen Maß unglücklich und unwohl zu fühlen. Wir sagen dann: „So ist das Leben halt“ oder „So bin ich eben“. Doch nicht das ist es, was das Leben ausmacht. Es ist an der Zeit, daß wir das Potential unseres inneren Reichtums erkennen und nicht weiter brachliegen lassen.

Wir können uns diesen Schatz erschließen, indem wir ihn nicht mehr wie bisher im Außen, sondern in unserem Inneren suchen. Wir finden ihn in der Stille unseres Herzens, auch wenn die Welt um uns herum immer lauter wird. In unserem Innersten ist eine verborgene Stille, die wir nur finden, wenn wir in uns hineinhorchen. Dazu eignet sich die Meditation. In ihr finden wir den Schlüssel für ein erfülltes Leben.

Wenn wir geistig wachsen wollen, müssen wir bereit sein, uns zu verändern. Auch wenn wir nie im voraus sagen können, wohin uns diese Veränderung führen wird. Doch wir können uns sicher sein: Veränderung ist immer besser als Stagnation. Alles, was lebt, verändert sich, ja selbst im Sterben verändern wir uns, und sei es „nur“ auf der Ebene des Bewußtseins.

Den Weg der Erkenntnis zu beschreiten ist wie auf einem Drahtseil zu balancieren. Wir können jederzeit ausgleiten oder einen Fehltritt machen und uns dabei entsetzlich weh tun. Wir haben uns dann zu weit nach rechts oder links gelehnt – z.B. durch die Ablenkung schöner Worte oder die Attraktivität einer Person. Erst durch den darauffolgenden Schmerz lernen wir, daß wir von der geraden Linie abgewichen sind.

Doch wir können uns nur davon überzeugen, ob der spirituelle Weg Erfüllung und Erkenntnis bringt, wenn wir ihn beschreiten.

Ein spiritueller Lehrer kann uns dabei unterstützen. Um von seinen Unterweisungen wirklich profitieren zu können, ist ein großes Maß an Hingabe erforderlich. Den Weg müssen wir jedoch größtenteils allein gehen.

Erst wenn wir bereit sind, unseren Geist der göttlichen Quelle hinzugeben, kann er mit ihr *verschmelzen* – als würde man Wasser in Milch gießen; sie werden sich vollständig miteinander vereinen. Nur durch die Erfahrungen auf diesem Weg können wir wirklich lernen.

Meditation ist ein Weg, um auf der Suche nach innerem Frieden das Bewußte mit dem Unbewußten zu verbinden.

Der Begriff „Meditation" ist von dem griechischen „medomai" und dem lateinischen „meditari" abgeleitet. Beide Wörter bedeuten, sich auf etwas vorbereiten oder auch in sich gehen. Dabei richtest du deine Aufmerksamkeit, die im Alltag meist nach außen gerichtet ist, nach innen. Und irgendwann wird alles still – du spürst in dir eine tiefe Gelassenheit. Dein *Selbst* ist plötzlich die Quelle allen Lebens.

Meditation ist immer ganzheitlich. Sie wirkt, vom Geistigen ausgehend, auf alle Bereiche des Menschen. Die Harmonisierung des Geistes fördert auch die psychische und physische Harmonie. Die Wirkung ist um so größer, je tiefer die Meditation ist.

Medizinische Untersuchungen haben ergeben, daß der Sauerstoffverbrauch während der Meditation innerhalb von 10 bis 20 Minuten doppelt so stark abnimmt wie im Schlaf. Dabei sinkt die Anzahl der Atemzüge auf sieben oder gar noch weniger pro Minute. Dadurch wird der gesamte Stoffwechsel entlastet, was auf den gesamten Organismus regenerierend wirkt. Das Herz schlägt langsamer, und die Menge des Blutes, die durch das Herz gepumpt wird, nimmt um bis zu 25 Prozent ab. Das Gehirn wird bis zu 60 Prozent besser durchblutet, wodurch der Geist wacher wird und Reaktions- und Denkvermögen erheblich zunehmen.

Auch der Hormonhaushalt, der die Gefühle und Emotionen steuert, wird durch die Meditation günstig beeinflußt.

Streßhormone wie Cortisol und Adrenalin werden abgebaut, und das sogenannte Glückshormon Serotonin wird verstärkt ausgeschüttet.

Ist das nicht auch ein Grund, sich öfter als bisher der Meditation zu widmen?

Die Meditation kann dir wirklich helfen – du machst sie nicht „für" jemanden, wie so vieles im Leben. Du machst sie nur für dich selbst. Du kannst dabei absolut frei sein.

Meditation ist kein Rückzug in die Individualität oder Selbstverliebtheit, sondern vielmehr eine Möglichkeit, von der Selbstsucht zur Selbstsuche überzugehen. Es ist ein Weg der spirituellen und geistigen Evolution, der dich einer höheren Wahrheit näherbringt.

Diese höhere Wahrheit kannst du nur erkennen, wenn du nach innen schaust. Dabei wird etwas faßbar, das unser Verstand schlecht einordnen kann. Wir gelangen plötzlich zu einem „Wissen mit dem Herzen". Du wirst die Gewißheit finden, daß du göttlicher Natur bist und immer schon warst. In der Meditation wirst du die wahre Natur des Geistes erkennen. Es entsteht eine Klarheit und Offenheit anstelle der Zerstreuung, die normalerweise den Geist ablenkt.

Diese Klarheit, dieses „In-der-Mitte-Sein", ermöglicht dir, die Dominanz deines Intellekts zu durchbrechen und die Freiheit des *Seins* zu erleben. Es wird Augenblicke geben, in denen du die Ewigkeit berührst. Diese Erfahrung schenkt dir die Kraft der bedingungslosen, allumfassenden Liebe, welche die Wurzel allen Seins ist. Liebe ist das göttliche Selbst, das alle deine Schmerzen und Verletzungen heilt.

Beim Meditieren steht also nicht der Wille deines Ego im Mittelpunkt, sondern das Beobachten, das Zu-Lassen und das Los-Lassen. Du lernst, still zu werden, um deine innere Stimme, die Stimme deiner Seele, deines inneren Lehrers, des göttlichen Samens in dir – oder wie immer du es nennen willst – zu hören.

Lerne leer zu werden, denn nur eine Schale, die leer ist, kann neu gefüllt werden. Je größer die geleerte Schale, um so mehr kann sie fassen. Die Menge der göttlichen Liebe ist immer die gleiche, nur wieviel du davon erfassen kannst, ist von der Größe deiner Schale, deiner Bewußtheit, abhängig.

Öffne dein Herz und mache es zum Tempel Gottes. Die Energie deines spirituellen Herzzentrums wird sich entwickeln und ausdehnen, bis jede Zelle deines Körpers davon erreicht wird und in der Lage ist, Liebe zu empfinden und zu geben.

Du machst damit das Verborgene in dir lebendig; du heilst deine geistige Blindheit; es hilft dir, deine „inneren Schatten" zu akzeptieren. Beginne, das Göttliche in dir zu lieben. Wenn du dich, wie bisher, nicht liebst, beschuldigst du dann nicht Gott, etwas an dir unvollkommen erschaffen zu haben?

In der Meditation kannst du reines Gewahrsein erfahren. Ein Gewahrsein von Licht, das sich aus deinem Innersten heraus entwickelt. Schaue es dir an, und du bemerkst, daß es sich mit zunehmender Aufmerksamkeit ausdehnt. Es wächst und wächst, bis es über deine Körperlichkeit hinausgeht. Dieses Licht ist deine ätherische Energie, die dich von innen her durchdringt und umgibt. Dieses subtile Licht kann von sensitiven Menschen wahrgenommen werden.

Das Licht in dir macht dir bewußt, daß du alles, was du außerhalb von dir gesucht hast, in deinem Inneren findest. Es mag allerdings sein, daß du dich anstrengen und disziplinieren mußt, um dies erkennen zu können. Die Anleitung durch einen erfahrenen Meditationslehrer kann dich dabei unterstützen.

Es ist dabei so, wie wenn ein Kind gehen lernt. Es nützt nichts, wenn es nur auf den Schultern des Vaters getragen wird. Doch es hilft dem Kind, wenn es vom Vater an der Hand gehalten und geführt wird. So kann es auch für dich vorübergehend leichter sein, geführt zu werden.

Die Wahl eines Lehrers setzt Vertrauen voraus, denn der Lehrer ist wie die Hand des Vaters oder der Stock für den

Blinden. Wenn die Hand dich dabei in die falsche Richtung führt oder der Stock zu kurz ist, kannst du dich verlaufen oder zumindest einen Umweg gehen. Es liegt in deiner Eigenverantwortung, welchem Lehrer oder welcher Hand du dich anvertraust.

Alles, was dir gelehrt wird, muß auch verarbeitet werden. Nur die eigene Erfahrung zeigt dir, ob du etwas nur gelesen oder auch wirklich verstanden hast.

Von Leonardo da Vinci stammt der Ausspruch: „Die Erkenntnis, die *nicht* durch die Sinne gegangen ist, kann keine andere Wahrheit erzeugen als die schädliche.“

Glaube nichts,
was dir vermittelt wird,
was du nicht selbst in dir erfahren kannst.

Herbert Hoffmann

Wer sich nicht bemüht,
die Sinne zu kontrollieren,
wer in Betrachtung weltlicher Dinge vertieft ist,
wird diesen Dingen immer mehr verhaftet.
Bindung bedeutet Verbindung.
Durch ständige gedankliche Verbindung
mit weltlichen Dingen entsteht ein Reiz an diesen Dingen.
Das Gemüt wird an sie gebunden.
Aus dieser Bindung entsteht Verlangen, Begierde.
Das ist die Reihenfolge:
zuerst die Gedanken an materielle Dinge,
dann Bindung daran und schließlich Verlangen nach ihnen.

Vinoba Bhave

Meditation in der Praxis

Vor dem Meditieren solltest du folgendes beachten:

Reinige dich, indem du dir Hände, Gesicht, Mund und Ohren wäschst und dir saubere Kleidung anziehst. Meditiere zunächst immer an derselben Stelle in deiner Wohnung. Je öfter du dort meditierst, um so mehr wird es für dich zu einem Ort der Kraft und der Ruhe. Gib diesem Bereich eine persönliche Note – z.B. ein Bild, das dich in deiner Ausrichtung auf das Göttliche unterstützt. Laß ihn zu deinem „heiligen“ Platz werden, an den du dich zurückziehst, um zu dir zu finden.

Schaffe dir die äußeren Bedingungen der Ruhe – wenn nötig, mit einem farbigen Schildchen an der Türklinke, das für deine Familie als Symbol dient, daß du jetzt ganz für dich sein willst. Sie werden es spätestens dann respektieren, wenn sie erfahren haben, daß du nach einer Meditation eine wesentlich angenehmere Energie ausstrahlst als vorher. Auch du wirst nach einiger Zeit bemerken, daß sich durch das regelmäßige Meditieren bei dir eine Wandlung vollzieht, die auch deine Familie und dein Umfeld verändert.

Das „richtige“ Sitzen

Wichtige Voraussetzung für die Meditation ist das richtige Sitzen.

Sitze immer mit aufrechter Wirbelsäule. Wenn nötig, nimm dir dafür Hilfsmittel wie einen Schemel oder ähnliches. Du kannst lernen, mühelos gerade zu sitzen, wenn du dein Gleichgewicht gefunden hast.

Dein Gleichgewicht und damit deine innere Mitte kannst du finden, indem du im Sitzen mit deinem Körper zunächst leicht kreisende und pendelnde Bewegungen machst. Durch diese bewußten Bewegungen kann sich dein Körper zentrieren und seine Mitte finden. Wenn du das einige Minuten machst, wirst du bemerken, daß durch die richtige und nunmehr ruhige Sitzhaltung alle Muskeln locker werden, insbesondere jene im Bereich der Wirbelsäule.

Durch „richtiges" Sitzen können sich auch körperliche Beschwerden bessern. Wenn sich während der Meditation einmal ein Körperteil mit Unbehagen oder gar Schmerzen bemerkbar macht, ist es wichtig, nicht sofort eine Korrektur der Sitzposition vorzunehmen.

Das ist genau das, was wir im täglichen Leben gewöhnlich tun, und daher wird es unser Körper auch in diesem Moment von uns erwarten. Korrigierst du eine Position, gelangst du durch die Bewegung unweigerlich in körperliche Unruhe, die sich auf den Geist überträgt. Es ist wie bei einem mit Wasser gefüllten Gefäß. Wenn es ruhig an seinem Platz steht, wird die Wasseroberfläche wie ein Spiegel sein. Bewegst du das Gefäß jedoch, wird auch das Wasser entsprechend unruhig sein. Unser Geist ist wie das Wasser. Er wird um so unruhiger sein, je mehr du dich während der Meditation bewegst.

Ein Za-Zen-Lehrer führte einen Schüler zu einem Brunnen und warf einen Stein hinein. Er fragte ihn: „Schau hinein und sage mir, was du siehst!" „Nichts", antwortete der Schüler, „das Wasser ist unruhig." Nach einer Weile bat der Lehrer seinen Schüler, wieder in den Brunnen zu schauen. „Und jetzt?" – „Jetzt erkenne ich mein Gesicht, das sich in der stillen Oberfläche spiegelt." – „Siehst du", sagte der Lehrer, „das ist die Erfahrung der Stille."

Wenn sich dein Körper während der Meditation störend bemerkbar macht, verbinde dich für einen Moment innerlich mit dem betroffenen Bereich und bitte ihn, sich so lange mit seinen Signalen zurückzunehmen, bis du deine Übung beendet hast. Erst dann schenkst du dem Körper den Bewegungsspielraum, den er sich wünscht.

Versuche es selbst! Du wirst sehen, daß du auf diese Weise nicht mehr von deinem Körper irritiert wirst und in Ruhe weiter meditieren kannst. Denke jedoch daran, nach Beendigung der Meditation dein Versprechen einzuhalten und deinen Körper so zu bewegen, wie er es während der Übung wollte.

All unsere Zellen kommunizieren untereinander mit Hilfe von Lichtsignalen.* Dies kannst du nutzen, um mit den Zellen deines Gehirns, mit denen du bei *jedem* Gedanken eine entsprechende Gedankenenergie erzeugst, die Zellen eines bestimmten Körperteils zu instruieren.

Es gibt verschiedene Möglichkeiten des „richtigen“ Sitzens (siehe Abbildungen Seite 68 f.). Unabhängig davon, welche Art des Sitzens du wählst: Entscheidend ist die aufrechte Körperhaltung. Nur bei gerader Wirbelsäule kann die Energie vom Wurzelchakra bis zum Scheitelchakra frei fließen. Wenn die Wirbelsäule gekrümmt oder geknickt ist, werden die Chakras, die entlang der Wirbelsäule angeordnet sind, also das zweite bis fünfte Chakra, in ihrer Funktionsfähigkeit eingeschränkt.

Wenn die Energie nicht frei und ungehindert fließen kann, wird auch die Verbindung über das siebte und achte Chakra zur Kausalebene entsprechend schwächer sein.

Während des Meditierens richten sich die Chakras zwei bis sechs von der horizontalen wieder in die vertikale Ebene aus. Dadurch entsteht eine enge Verbindung mit der geistigen Welt. Tiefe „meditative“ Erfahrungen werden dadurch erst möglich. Das gesamte Energiesystem kommt durch diese Vertikalität in Verbindung mit allem, was existiert – also auch mit der eigenen Seele und dem kollektiven Seelenbewußtsein.

Die in der Meditation entstehende Vertikalität des Chakrasystems führt zu einem wunderbaren Gefühl des Verbundenseins mit der gesamten Schöpfung. Wenn du dieses Gefühl einmal erfahren hast, wirst du dich immer wieder

---

* Siehe *Biophotonen, das Licht in unseren Zellen* von Marco Bischof, Zweitausendeins-Verlag.

danach sehnen. Leider kann diese Vertikalität und die damit zusammenhängende Verbindung zur eigenen Seelenebene nach der Meditation meist nicht aufrechterhalten werden. Wie du dir diesen Zustand mühelos erhalten kannst, ist in meinem Buch *Wege des Heilens* im Kapitel über den „Quality-of-One™"-Prozeß ausführlich beschrieben.

Die optimale Sitzposition ist der volle oder halbe Lotussitz (siehe Abbildung 1 u. 2).

Beim Lotussitz kann sich aufgrund der Beinstellung das Wurzelchakra am besten öffnen. Andererseits ermöglicht er ein sehr stabiles Sitzen, das während der Meditation keine Korrekturen erfordert.

Eine gute Alternative ist der offene burmesische Lotussitz (siehe Abbildung 3).

Ein etwa fünf Zentimeter hoher Sitzkeil oder ein traditionelles Meditationskissen sind ideale Sitzunterlagen, wenn du in einer der genannten Lotussitz-Positionen meditieren willst. Auf einem Meditationskissen solltest du dich nur auf die Vorderkante des Kissens setzen. Dadurch kippt das Becken leicht nach vorne und ermöglicht eine aufrechtere Haltung.

Aus der japanischen Za-Zen-Tradition (Za = Sitzen, Zen = Meditation) kommt der Fersensitz (siehe Abbildung 4). Möglicherweise wurde er durch die japanischen Frauen eingeführt, da es für sie nicht schicklich war, im Lotussitz zu meditieren. Beim Fersensitz knien wir mit leicht gespreizter Beinstellung, wobei sich die beiden Großzehen leicht berühren und die Fersen nach außen gekippt werden. Man sitzt also zwischen den Fersen auf den Füßen. Bei sehr kräftigen Oberschenkeln kann es in dieser Position zu Schmerzen kommen. Wenn die Oberschenkel weh tun, empfiehlt es sich, zwischen Füße und Gesäß eine zusammengerollte Decke zu legen.

Auch das Sitzen auf einem kleinen Bänkchen kam aus der japanischen Tradition zu uns. Dabei kniet der Meditierende mit leicht gespreizten Beinen und stellt das Bänkchen auf die Unterschenkel, um sich dann darauf zu setzen. Die Sitzfläche des Bänkchens ist somit leicht nach vorn geneigt und unterstützt Becken und Wirbelsäule beim aufrechten Sitzen (siehe Abbildung 5 u. 6).

Auch ohne Bänkchen kannst du so sitzen, indem du dich auf den Boden kniest und dich entweder auf eine zusammengerollte Decke oder auf ein hochkant gestelltes Meditationskissen setzt.

Wenn du keine dieser Sitzpositionen einnehmen kannst, solltest du dich bei der Meditation einfach auf einen Stuhl setzen. Lehne dich aber dabei nicht an, da dies unweigerlich zu nachlassender „Aufrichtigkeit" führen wird. Es ist besser, sich nur auf die Stuhlvorderkante zu setzen, die bei Bedarf mit einem kleinen Sitzkeil unterstützt werden kann. Die Füße sollten dabei nebeneinander stehen und zum Fußboden Kontakt haben.

Es ist auch durchaus möglich, im Stehen zu meditieren. Allzuoft stehen wir irgendwo in einer Schlange und vertrödeln die Zeit mit unnötigen Gedanken. Nutze doch diese Zeit für eine kurze Meditation. Die Füße sollten dabei möglichst parallel zueinander stehen, die Knie *nicht* ganz durchgedrückt sein und die Arme locker und entspannt hängen. Wenn es dir hilft, konzentriere dich auf deinen Atem, um innere Ruhe und Frieden zu finden.

Denke zu Beginn jeder Meditation daran, dich zu „erden". Du kannst dir dabei deine gesamte Wirbelsäule als goldenes Seil vorstellen, das du bis tief in die Erde verlängerst. Wenn du auf einem Stuhl meditierst, kannst du dich über deine Fußsohlen erden. Wichtig ist, daß du diese „Verbindung" mit der Erde wirklich spürst. Das „Erden" erleichtert es dir, die Erfahrungen der Meditation in dein Leben zu integrieren.

Abb. 1

Abb. 2

Abb. 3

Abb. 4

Abb. 5

Abb. 6

Abb. 7

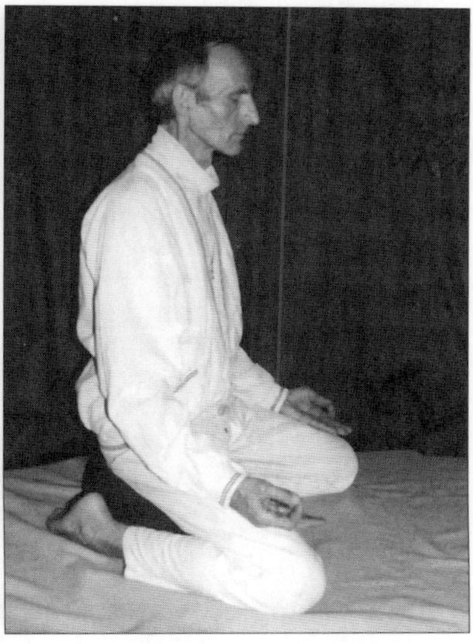

Abb. 8

Wenn man mit dem Meditieren gerade beginnt, stellt sich oft die Frage: Was mache ich mit meinen Händen?

Auch hier gibt es keine Antwort, die für jeden stimmt.

Bewährt haben sich Handhaltungen, die teils aus sehr alten Traditionen stammen.

In der Za-Zen-Tradition werden die Hände vor dem Körper so ineinander gelegt, daß die Finger der linken Hand in der Handfläche der rechten Hand ruhen (siehe Abbildung 6 u. 7). Dabei stehen die Daumen waagerecht, und die Daumenspitzen berühren sich leicht. Die Hände sollten im Schoß ruhen oder auf den Oberschenkeln abgestützt sein. Sie sollten so nahe vor dem Bauch gehalten werden, daß sie ihn beim Einatmen berühren können.

Die Hände sollten keinesfalls frei vor dem Bauch schwebend gehalten werden, da dies unweigerlich zu Verspannungen im Schulterbereich führt. Doch insbesondere die Schultern sollten sich beim Meditieren entspannen. Graf Dürckheim, ein großer Za-Zen-Lehrer aus der christlichen Tradition, verwies stets auf das Bild einer Tanne: „Wir sollten so gerade und aufrecht wie eine Tanne sitzen und unsere Schultern so locker hängen lassen wie die Tanne ihre Zweige."

Aus der tibetisch-indischen Tradition stammt der Brauch, die Hände mit den Handflächen nach oben gerichtet auf den Oberschenkeln oder dem Kniebereich ruhen zu lassen. Die Daumen- und Zeigefingerspitzen berühren sich, und die anderen drei Finger sind ausgestreckt (Abbildung 8 u. 9). Diese Handhaltung entspricht einem Mudra. Mudras sind symbolische Finger- und Handhaltungen aus der indischen Tanztradition. Durch ihre energetische Wirkung unterstützen sie zudem den Weg in höhere Bewußtseinsbereiche.

Das beschriebene Mudra erzeugt ein Energiefeld, das den Praktizierenden dabei unterstützt, „bei sich" zu sein. Dabei nimmt er alles, was um ihn herum vorgeht, genauso wahr, wie es ist, aber er läßt sich nicht davon ablenken, wie es ohne Mudra der Fall wäre.

Außerdem bindet das Aufrechterhalten eines Finger-Mudras einen Teil unserer Aufmerksamkeit, so daß wir uns weniger um andere Gedanken kümmern können.

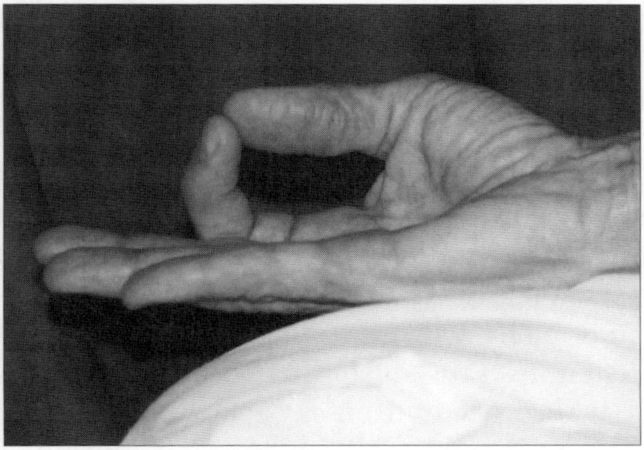

Abbildung 9: Fingermudra

Zünde in unmittelbarer Nähe deines Meditationsplatzes eine weiße Kerze an. Sie verbrennt alle bei der Meditation frei werdenden „negativen“ Energien. Bedenke, daß bei der Meditation immer ein Reinigungsprozeß stattfindet.

Wenn du meditierst, wirst du vom Kosmos reich beschenkt. Diese Energie kannst du ausgleichen, indem du z. B. durch eine Räucherkerze oder das Abbrennen von Weihrauch dem Kosmos ein Opfer darbringst. Dadurch wird auch die Energie im Raum am effektivsten gereinigt. Am besten vollziehst du diese kleine Zeremonie schon vor der Meditation. Du gibst dem Kosmos dein Geschenk, *ohne* selbst etwas dafür zu erwarten. „Geben ist seliger denn nehmen“ ist ein altes Bibelwort, in dem eine tiefe Wahrheit steckt. Nur wenn du gelernt hast, bedingungslos zu geben, wird auch dir gegeben werden.

Konzentration – Kontemplation – Meditation

Wirkliche Meditation erfährst du erst, nachdem du einen bestimmten Weg zurückgelegt hast. Dieser führt dich durch drei Ebenen: Zunächst kommen die Ebenen der Konzentration, dann folgen die der Kontemplation, aus denen sich schließlich der Zustand der Meditation entwickelt.

Bei der kontemplativen Meditation wählst du dir ein Thema, über das du mehr Klarheit erfahren möchtest. Wenn du dann durch die vorangegangene Konzentrationsübung deine innere Mitte gefunden hast, richtest du deine Gedanken auf das gewählte Thema, das du nun von allen Seiten betrachtest. Wichtig ist dabei, wirklich beim „Thema" zu bleiben und nicht wie gewohnt abzuschweifen und vom „Hundertsten ins Tausendste" zu kommen.

Um in wahre Meditation zu gelangen, brauchst du ein großes Maß an innerer Gelassenheit. Nur der konzentrierte Geist, der sich durch nichts mehr ablenken läßt, wird all seine Begrenzungen verlieren und sich ins Unermeßliche, ins Grenzenlose ausdehnen. Der Geist erlebt in diesem Moment zum ersten Mal die Dinge so, wie sie wirklich sind.

Deine Gedanken

Zu Beginn deiner Meditationserfahrungen werden sich deine Gedanken erst einmal richtig austoben. Du wirst denken, daß du nie zur Ruhe kommst und bezweifeln, ob die Meditation dir wirklich helfen kann, zu dir selbst zu finden. Doch diese Phase ist völlig normal. Es sind nicht deine Gedanken, die noch wilder werden, du bist einfach ruhiger geworden und merkst jetzt, wie unkontrolliert deine Gedanken wirklich sind. Sie sind wie die Wellen eines stürmischen Ozeans.

In diesem Stadium gibt es ein einfaches Hilfsmittel: Lasse diesen Wellen ihren Lauf und halte sie nicht fest. Erlaube deinen Gedanken, zu kommen und zu gehen, ohne sie innerlich zu analysieren und zu kommentieren.

Der Grund für einen unruhigen Geist ist häufig die Ruhelosigkeit des Körpers. Daher solltest du zuerst deinen Körper disziplinieren und zur Ruhe bringen. Er ist das Gefäß deines Geistes – vergleichbar mit einem Behälter voller Wasser. Wenn du ihn fortwährend bewegst, wird sich auch der Inhalt ständig bewegen. Wenn du hingegen deinen Körper gerade und ruhig hältst, wird auch dein Geist sich beruhigen.

Bei der Konzentrationsübung geht es zunächst nur darum, die Gedanken zur Ruhe zu bringen und den Geist zu entspannen. Viele haben damit zunächst Schwierigkeiten. Sie wissen nicht, wie und wo sie ihren Geist finden können, um ihn dann bewußt zu entspannen. Vielleicht fällt es auch dir leichter, deine Arme oder Beine zu entspannen, weil du einfach weißt, wo du sie findest.

Du mußt jedoch wissen: Alles an dir ist Geist. Dein Geist ist nie ohne dich, auch wenn man sich manchmal der Redewendung bedient, etwas sei geistlos.

Durch dein Gestalten und Wirken entfaltest du das Geistige in deinem Leben. Solange du lebst, wirkst du mit deiner Geisteshaltung auch über deinen Körper. Den Geist zu entspannen heißt also, durch eine wohltuende Geisteshaltung innerlich ruhig zu werden.

Es ist sinnlos, Gedanken zu unterdrücken. Wichtig ist nur, daß du sie nicht festzuhalten versuchst.

Eine Meditationsübung

Richte deine Aufmerksamkeit auf einen Punkt in der Natur oder in dem Raum, in dem du dich gerade befindest. Sehr geeignet ist hierfür z.B. die Flamme einer Kerze. Wenn du willst, kannst du auch einfach deinen Atem beobachten (siehe Kapitel „Mit Achtsamkeit in die Meditation“).

Wichtig ist, daß du ausschließlich bei dem gewählten Objekt bleibst und dich durch nichts davon ablenken läßt.

Es ist immer deine eigene Entscheidung, worauf du deine Achtsamkeit richtest. Du bist nicht das „Opfer“ von Gedanken oder Geräuschen aus deiner Umwelt. Sie existieren, auch wenn du ihnen keine Achtsamkeit schenkst. All das, was um dich herum oder in deinen Gedanken vor sich geht, ist in seiner Existenz nicht von deiner Aufmerksamkeit abhängig.

Für Menschen, die eher visuell veranlagt sind, hat sich die Betrachtung eines Mandalas bewährt, wie du eines z.B. auf dem Umschlag dieses Buches sehen kannst. Ein rundes Mandalabild hat zwangsläufig einen Mittelpunkt, ein Zentrum. Während du es mit entspanntem Blick betrachtest, läßt du deine Gedanken an dir vorüberziehen, ohne dich mit ihnen zu beschäftigen.

Je länger du das Mandala betrachtest, um so mehr wird dein Blick in das Zentrum des Mandalas geführt. Dies geschieht von allein und hilft dir, deine innere Mitte zu finden.

Du kannst diese Übung mit einer dir angenehmen Meditationsmusik begleiten. Für den Anfänger hat das den Vorteil, daß beim erneuten Hören der Musik der Zustand der Konzentration schnell wieder erreicht werden kann. Musik wirkt wie ein Anker und erinnert dich an die Erfahrung der konzentrierten Entspannung.

Kontemplation

Wenn dir die Konzentration gut gelingt, vertiefe dich in die Kontemplation innerer Bilder oder eines Gebetes. Die Kontemplation ist ein Grenzbereich zwischen Konzentration und Meditation. In ihr bist du von all deinen routinemäßigen, weltlichen Bindungen befreit. Du vergißt deinen Körper und machst die Erfahrung, daß du nicht dein Körper bist.

Dieser Zustand kann jedoch nicht erzwungen werden. Er entsteht durch Übung von allein und folgt zwangsläufig aus der Konzentration. Wenn du die konzentrierte Kontemplation vertiefst, entsteht ohne jeden willentlichen Eingriff die Meditation. Je mehr du also deine Aufmerksamkeit binden kannst, um so stiller wird dein Geist.

Auch während der Kontemplation konzentrierst du deine Achtsamkeit auf einen Punkt wie z. B. deinen Atem. Bleibe auch dann nur der Beobachter, wenn sich Gefühle zeigen. Bringe diese Gefühle mit der Essenz deiner kontemplativen Erfahrungen in Einklang. Du bleibst so lange konzentriert, bis du in der Lage bist, diese Essenz aus dem Kopfbereich in das Herzzentrum zu übertragen. Erst auf dieser Ebene ist es dir möglich, im Anschluß an die Meditation die gemachte innere Erfahrung in den Alltag mitzunehmen und zu integrieren.

Fällst du aus der oben erwähnten Beobachterrolle heraus und verstrickst dich in eine Emotion, kann es dir passieren, daß du die Essenz deiner Kontemplationserfahrung im Bereich des Solarplexus und somit im Emotionalkörper verankerst. Dies kann dich in der Umsetzung des Erfahrenen wieder einschränken.

Kontemplation heißt soviel wie „Schau". In der christlichen Tradition wird auch das Beten als Kontemplation verstanden. Dabei sollte es letztendlich in wort- und bildloses Beten übergehen, um so den Weg in den eigenen Wesensgrund, in die Einheit mit Gott zu finden.

In der Kontemplation vermagst du deine göttliche Natur zu erkennen, um sie dann im Alltag zu entfalten.

Vielleicht wählst du ein persönliches Gebet oder einen Satz aus dem Meditationsgebet (siehe Seite 164), um über dessen Aussage zu kontemplieren.

Dabei kannst du die Erfahrung machen, daß du mit Gott und mit Christus eins bist. Wenn du andererseits glaubst, daß du noch weit von der Erkenntnis entfernt bist, daß Gott in dir ist und somit Gottes Wille durch dich geschieht, so resultiert diese Anschauung aus deinem personifizierten Ich-Bewußtsein. Alles ist bereits in dir vorhanden, auch die tiefe Verbundenheit mit der göttlichen Quelle.

Jesus Christus ist gekommen, um uns die Einheit mit Gott zu lehren. Es ist an dir, diese Einheit mit dem Göttlichen zuzulassen.

Damit dies möglich wird, müssen wir unser „Ich-Bewußtsein“ sterben lassen. Sterben bedeutet das *Loslassen* von allen Anhaftungen. Solange du in deinem Ich gefangen bist, kannst du nicht frei und leer sein, um Christus und Gott in dir zu entdecken. Paulus sagte: „Mit Christus bin ich gekreuzigt, ich lebe, doch nicht mehr als *Ich*, sondern Christus lebt in mir“ (Galater 2, 19 ff). Mit „gekreuzigt“ ist das Ablegen des Ego und der Anhaftung an das personale Ich gemeint.

In der Kontemplation kommt es nicht so sehr darauf an, daß du an Gott *denkst*, sondern daß du dich Ihm bedingungslos hingibst und dich Ihm gegenüber öffnest, damit du erkennst, daß Christus in dir und du in Christus lebst.

Der Mystiker Johannes vom Kreuz betonte, wie wichtig das „liebevolle Aufmerken“ gegenüber Gott ist. In seinem Buch *Die lebendige Flamme* schreibt er: „Die Seele muß Gott ein liebevolles Aufmerken entgegenbringen, ... rein empfangend muß sie sich verhalten, ohne eigen Beflissenheit, mit dem entschlossenen schlichten Aufmerken der Liebe, so wie jemand in liebreicher Achtsamkeit die Augen öffnet.“ (Die lebendige Flamme, III, 33).

Weiter schreibt er: „Gott ist in uns, die Mitte der Seele ist Gott.“ (Die lebendige Flamme, I, 12).

Natürlich ist es nicht leicht, in der Kontemplation ganz auf Gott ausgerichtet zu sein und zu bleiben. Allzuleicht lenken uns unsere Gedanken und Emotionen von dieser Ausrichtung ab. Wir müssen daher lernen, den Verstand und den Willen unseres Ego abzuschalten, um nach innen zu lauschen, was das Göttliche uns zu sagen hat.

Ich schreibe bewußt immer wieder von Gott *und* von Christus. Jesus Christus können wir als den Archetyp der Einheit des Menschen mit Gott betrachten. Christus hat uns gezeigt, daß der Mensch göttlich und menschlich zugleich ist – daß Gott in uns und wir in Gott sein können.

Das *Nach-innen-gerichtet-Sein* und die daraus resultierenden lichten Erfahrungen wirken sich auch auf unser äußeres Tun aus. Wir können so mehr Klarheit in unser Wirken bringen.

Zum Abschluß jeder Meditation solltest du dir vergegenwärtigen, wie du die Bilder und Stimmungen aus der Meditation in den Alltag einbringen und umsetzen kannst.

Nicht die sogenannte Wirklichkeit
ist die Wirklichkeit,
sondern unsere jeweilige Stimmung
bewirkt das Bild,
in dem sich die Umwelt in der Seele widerspiegelt.
„Wirklichkeit" kommt von „wirken".

Karl Ludwig Diehl

Mit Achtsamkeit in die Meditation

Übung

Richte deine *Aufmerksamkeit* auf deinen Atem. Spüre, wie du bis tief in den Bauch hinein atmest. Lege eine Hand auf den Unterleib und beobachte, wie sich dein Bauch bei der Einatmung wie ein Ballon zu füllen beginnt.

Nach dem Einatmen in den Bauch und bis hoch in die Lungenspitzen läßt du beim Ausatmen alle Luft mitsamt den angesammelten Giftstoffen aus dem Körper entweichen. Je mehr du dabei losläßt, um so länger wird danach die Atempause sein. Auf diese Weise wird dein ganzer Körper locker und entspannt. Die Bauchatmung führt zu einer Kontraktion des Zwerchfells, was wiederum eine sanfte Massage von Herz, Bauchspeicheldrüse, Milz, Leber und des gesamten Darmbereichs bewirkt.

Mache mindestens zwei bis drei tiefe Atemzüge und lasse beim Ausatmen bewußt los. Manipuliere die Ausatmung nicht, sondern lasse sie einfach geschehen.

Beobachte im weiteren Verlauf den Atem, ohne ihn zu beeinflussen. Konzentriere deine Aufmerksamkeit auf den Bereich deiner Nasenöffnungen. Vielleicht spürst du, daß dein Atem beim Einatmen etwas kühler ist als beim Ausatmen. Beobachte deinen Atem weiterhin, wie du vom Ufer aus einem Fluß nachschaust, der gemächlich dahinfließt, und folge ihm mit deiner inneren Achtsamkeit.

Es mag vorkommen, daß du während der Meditation plötzlich bemerkst, daß der Körper das Atmen „vergißt". Dies ist eine völlig natürliche Erscheinung und muß dich nicht ängstigen. Es ist ein Anzeichen dafür, daß sich seine Meditation vertieft und sich der Körper über die Energiezentren (Chakras) und über die Hautatmung mit der notwendigen Lebensenergie versorgt. Eine Lungenatmung ist dabei nicht mehr erforderlich. Es ist der Atem, der kein Atmen ist.

Um dieses Paradoxon zu verstehen, mußt du wissen, daß es für den Mystiker nicht nur einen Atem gibt, der kein Atem ist, sondern auch ein Hören, das kein Hören, und ein Sehen, das kein Sehen ist. Alle äußeren Sinne können durch innere Sinne ersetzt werden. Das geht bis zur wahren „Gotteserkenntnis", bei der du Gott erkennst, Ihn aber dennoch nicht erkennst. Dieses paradox anmutende innere Wissen vermag der Verstand nicht zu erfassen.

Wenn du auf dem Weg in die Meditation andere Gedanken bemerkst, lasse sie kommen und wieder gehen wie einen

Windhauch. Es ist eine irrige Meinung, in der Meditation frei von Gedanken sein zu müssen und zu glauben, etwas nicht richtig zu machen, wenn immer wieder Gedanken auftauchen.

Entscheidend ist nur deine Haltung gegenüber diesen Gedanken. Gib ihnen wie auch deinen Glaubenssätzen und Konzepten die Erlaubnis, sich aufzulösen wie der Morgennebel in der Sonne. Lenke deine Achtsamkeit immer wieder zurück auf deinen Atem. Wenn du auch nur für einen kurzen Moment in den Zustand der Meditation gelangst, treten deine Gedanken in den Hintergrund und verblassen mehr und mehr. Sei einfach nur Beobachter. Gedanken kommen und gehen ebenso kontinuierlich wie unser Atem. Erst, wenn wir versuchen, sie festzuhalten, bekommen wir Schwierigkeiten. Alles, was wir betrachten wollen, mag uns dann wie in Nebel eingehüllt erscheinen.

Wir können jedoch unsere Konzentration erhöhen bzw. bündeln. Der Scheinwerfer, der den Nebel zu durchdringen vermag, ist die Konzentration.

Während der Meditation haben wir die Möglichkeit, alles, was hochkommt, sogleich wieder fallenzulassen und z.B. durch die Atembetrachtung zu ersetzen.

Erkennen und Loslassen hat nichts mit Unterdrückung zu tun, wie fälschlicherweise oft behauptet wird. Wenn wir das Erkennen und Loslassen gelernt haben, können wir es auch im Alltag anwenden. Wenn unheilsame Gedanken hochkommen, können wir sofort unsere innere Ausrichtung verändern.

Atmen und lächeln

Kehre immer wieder mit deiner Achtsamkeit zu deinem Atem zurück und entspanne deinen Körper mit dem Ausatmen. Natürlich atmen heißt „loslassen“. Schenke deinem Körper ein Lächeln, und du wirst sofort wahrnehmen, wie dieses

Lächeln auf deinen Lippen dein Gesicht und den gesamten Körper entspannt. Schenke dir *und damit der Welt* dieses Lächeln. Sei ganz im gegenwärtigen Augenblick – im Augenblick dieses Lächelns.

Achtsames Atmen heißt: Wenn du einatmest, soll dir bewußt sein, daß du einatmest. Wenn du ausatmest, weißt du: *Ich atme aus.* Und in der Atempause weißt du: *Ich mache jetzt eine Atempause.*

Wenn du beim Einatmen lächelst, wird es dir leichter fallen, beim Ausatmen alles loszulassen – all den Schmerz und das Leid, das du in dir trägst. Lächle ein dir bewußt gewordenes Leid an, und du wirst erleben, wie es sich verwandelt.

Koste beim Ausatmen diesen wunderbaren *Augenblick* aus, ganz in der Gegenwart zu sein. Wenn du lächelst, verstärkt sich dein Gefühl der Ruhe und des inneren Friedens. Alle Anspannungen verschwinden.

Nimm dir vor, dieses Lächeln auch in den Alltag mitzunehmen. Was immer dir auch begegnen wird, nimm es mit einem Lächeln.

Verschiedene Formen der Meditation

Meditation im Gehen

Eine bewährte Meditationsart ist das achtsame Gehen. Es gibt dabei zwei grundverschiedene Schulen. Die Rinzai-Schule hat eine Vorliebe für das schnelle Gehen, während die Soto-Schule das langsame Gehen praktiziert.

Ich bevorzuge in meinen Seminaren das langsame Gehen, da es aus meiner Sicht eine erhöhte Aufmerksamkeit erfordert.

Du kannst die Meditation im Gehen in einem geschlossenen Raum oder auch in der freien Natur praktizieren. Bleib mit deiner Aufmerksamkeit bei deinem Atem und gehe dabei bewußt langsam, fast im Zeitlupen-Rhythmus durch den Raum oder über eine Wiese. Bei jedem Schritt kannst du dich bewußt mit der Erde verbinden und wahrnehmen, wie der Fuß mit der Ferse aufsetzt und über die Fußsohle abrollt, um dann den Kontakt zum Boden beim Abheben wieder zu verlieren. Du spürst dabei jede auch noch so geringfügige Unebenheit und über deine Fußsohle vielleicht auch den Atem der Erde.

Die Meditation im Gehen ist zu empfehlen, wenn du beabsichtigst, längere Zeit zu meditieren. Du kannst z. B., nachdem du eine Dreiviertelstunde im Sitzen meditiert hast, deinem Körper durch die Bewegung des achtsamen Gehens etwas Erleichterung verschaffen, falls deine Beine eingeschlafen sind. Durch das Aufrechterhalten der Achtsamkeit bleibst du in einem meditativen Zustand.

Eine Zen-Weisheit:

Wenn du gehst, dann gehe.
Wenn du sitzt, dann sitze.
Und vor allem: Schwanke nicht.

Yu-men

Laufen als „dynamische Meditation"

Laufen bzw. Joggen kann durchaus wie eine dynamische Meditation erlebt werden. Besonders diejenigen, die im Alltag zu sehr im Kopf verhaftet und zu wenig geerdet sind oder durch ihren Beruf zuwenig Bewegung haben, kann das meditative Laufen zu einem ganzheitlichen Körpergefühl führen, das dem Betreffenden ein völlig neues Energiegefühl verschafft.

Wenn du das meditative Laufen üben willst, solltest du einige Grundregeln beachten, damit das Ganze nicht in eine reine Leistungsübung für Körper und Geist ausartet.

Mache dir bewußt: Du mußt nicht um dein Leben laufen, wie man bei so manchem Freizeitsportler glauben möchte. Laufe mit einem Lächeln auf den Lippen. Das wird dir helfen, zwanglos und locker zu laufen. Du mußt weder vor dir noch vor etwas anderem davonlaufen. Spüre mit deinen Füßen den wechselnden Kontakt mit der Erde. Laufe um des Laufens willen und sei dabei im Rhythmus deines Atems. Atme durch die Nase und zähle deine Schritte. Achte darauf, daß du genauso viele Schritte ausatmest, wie du beim Einatmen benötigt hast.

Diese „sequentielle" Atmung ist besonders unterstützend für etwas einseitig musisch und intuitiv veranlagte Personen, da sie die vernachlässigte linke Gehirnhälfte aktiviert. Sie erleichtert, die Strukturen des eigenen Lebens zu begreifen und sich von zwanghaften Alltagsgedanken zu lösen.

Achte stets auf deinen Atem. Öffne beim Einatmen deinen Geist mit einer positiven Affirmation – und lasse beim Ausatmen all deinen Streß und deine alten Gedankenmuster und Strukturen los. Der Atem wird allmählich immer tiefer in den Bauchraum und damit ins Harazentrum fließen. Aus diesem Zentrum verteilt sich die Energie sternförmig in den gesamten Körper. Dadurch verbessert sich der Kontakt mit deinem Körper und du spürst sein lebendiges Wesen.

Deine Schultern sollten *nicht* hochgezogen sein wie bei jemandem, der glaubt, kämpfen zu müssen. Nur wenn deine Schultern entspannt sind, können sowohl deine Arme wie auch dein Nacken und dein Kopf frei im Rhythmus des Laufens mitschwingen. Auch deine Atmung fließt in dieser entspannten Haltung besser.

Wenn du zuvor vielleicht eher außerhalb deines Körpers warst, wirst du allmählich *in* deinen Körper zurückkehren.

Je mehr du mit deiner Achtsamkeit bei deinem Atem *und* bei deinen Füßen bist, wird sich, wie bei allen anderen „Wegen in die Meditation" auch, dein Geist sammeln und ruhiger werden. Du wirst bald feststellen, daß nicht mehr du es bist, der läuft, sondern daß du und das Laufen eins sind. Diese Einheitserfahrung stellt sich von ganz allein ein, ohne daß du dich darum bemühen mußt.

Mantra-Meditation

Eine andere Möglichkeit, deine Aufmerksamkeit zu binden, ist das innerliche oder auch hörbare Wiederholen eines Mantras.

Ein Mantra ist ein heiliges Wort oder die Aneinanderreihung bestimmter Wörter, die dich dabei unterstützen, mit einer bestimmten Schwingung in Verbindung zu treten.

Ein Mantra, das unentwegt rezitiert wird, prägt sich tief in den Geist ein. Es hat eine heilende und transformierende Wirkung.

Alles ist Schwingung – auch jede Silbe und jedes Wort. Nicht nur im Hinduismus werden diese heiligen Wörter eingesetzt. Jede große Religion hat ihre eigenen auf den Geist wirkenden Formeln hervorgebracht. Schon der Evangelist Johannes bezieht sich auf den heiligen Namen – der auch ein Mantra ist –, wenn er in der Schöpfungsgeschichte sagt: „Im Anfang war das Wort, und das Wort war bei Gott, und Gott war das Wort."

Eine erstaunliche Parallele finden wir in einer der ältesten Hindu-Schriften, dem Rig-Veda. Dort heißt es im Zusammenhang mit der unmanifestierten Gottheit, die Brahman genannt wird: „Am Anfang war Brahman, bei dem war das Wort, und das Wort war wahrhaftig das höchste Brahman."

Wenn du an den Namen Gottes denkst, denke an Gott selbst. Dabei spielt es keine Rolle, mit welchem Namen du ihn bezeichnest. Ich möchte hier nur einige der wichtigsten Mantras erwähnen, wobei ihre Verwendung am besten nach kundiger Anleitung geübt wird.

Die Silbe „OM“ ist das wohl vollkommenste Symbol für die Gottheit. Wenn du sie singst, lasse das „O“ mit zunehmender Lautstärke tief aus der Kehle kommen, um dann das „M“ leiser ausklingen zu lassen. Häufig wird es auch als „AUM“ angestimmt. Dabei beginnst du ganz sanft mit dem „A“ tief aus der Kehle. Der Mund formt das „U“ mit zunehmender Lautstärke, und über die Lippen erklingt das „M“ wieder etwas leiser. Nach dem in Indien lebenden „Weltenlehrer“ Sai Baba, der alle Religionen als gleichwertig anerkennt, soll es sich beim Mantra-Singen so anhören wie bei einem Fahrzeug, das beim Herannahen lauter und mit zunehmender Entfernung wieder leiser wird.

Viele Mantren beginnen mit dem „OM“ und verbinden dich mit der unmanifestierten wie auch mit der manifestierten Gottheit. Das unmanifestierte Göttliche ist das, was du mit deinen physischen Sinnen nicht erfassen, sondern nur über deine höheren Sinne erfahren kannst.

„Om mani padmé hum“ ist ein buddhistisches Mantra mit einer außergewöhnlich reinigenden Wirkung.

Mit „Om Namah Schiváya“ bitten wir die Gottheit, uns dabei zu unterstützen, unsere Selbstsucht und unser Getrenntsein von anderen zu überwinden. Nach einer alten Tradition wird dieses Mantra auch gegenläufig rezitiert:

„Om Namah Schiváya – Schiváya Namah Om“. Dieses Mantra empfinde ich als sehr ganzheitlich und wohltuend, so daß ich häufig und gerne damit arbeite.

„Rama“ ist eines der beliebtesten und einfachsten hinduistischen Mantras. Es bedeutet „beständige Freude“ und richtet sich an das Göttliche in dir – die Quelle immerwährender Freude. „Shree Ram Jay Ram, Jay Jay Ram“ wird in verschiedenen Varianten gesungen. Es wirkt kraftvoll, belebend und bewußtseinserweiternd.

Du kannst aber auch ganz andere Worte als Mantra verwenden, wie z.B. deinen Vornamen. Dabei kann es geschehen, daß du ein Unwohlsein bemerkst, während du deinen Rufnamen rezitierst. Dann solltest du dir anschauen, ob dieser Name wirklich der ist, der dir von Anfang an gegeben wurde.

Es kann z.B. sein, daß du bisher immer mit Inge angesprochen wurdest, eigentlich aber Ingeborg heißt. In diesem Fall bist du womöglich durch das betonte „i" sehr „verkopft". Oder du wirst dich im Halsbereich unwohl fühlen, da das „e" zu stark betont und das „o", das dir die Tiefe des Herzens geben sollte, einfach weggelassen wird.

Die Selbstlaute deines Vornamens wirken auf bestimmte Bereiche deines Körpers (das *Selbst* wird laut). Das „i" wirkt auf den Kopfbereich, das „e" auf den Hals und das „o" auf den Herzbereich. Auf den Unterleib wirkt das „u" und auf Solarplexus und Bauchbereich das „a". In dem Wort „Mama", das vermutlich in allen Sprachen ähnlich klingt, ist durch das „a" die Geborgenheit gebende Mitte enthalten. Bei „Mutti" wird über das „u" zwar das Wurzelchakra, mit dem „i" aber auch der Verstand angesprochen und dadurch etwas mehr Abstand geschaffen.

In einem meiner Meditationsseminare hat eine Teilnehmerin bei dieser Übung festgestellt, daß sie mehr als zwanzig Jahre mit ihrem zweiten Vornamen angesprochen wurde. Bis zum zehnten Lebensjahr hieß sie Sabine, bis plötzlich in der Schulklasse fünf Sabinen beisammensaßen. Der Lehrer entschied daraufhin, „unsere" Sabine fortan mit „Judith", ihrem zweiten Vornamen, anzusprechen. Dieser Name klingt für sie wesentlich härter, da das weiche „a" wegfällt. Durch die andere Schwingung dieses neuen Namens wurde es für sie schwerer, zu sich selbst zu finden.

Auch in der Bibel finden wir Hinweise über die Wichtigkeit des Namens. In Joh. 20,16 wird erzählt, wie Jesus Maria Magdalena beim Namen nannte. Sie erkannte dabei ihr tiefes

Selbst, das bisher in ihr geschlummert hatte. In diesem Augenblick erfuhr sie sich wahrhaftig geliebt.

Du kannst als Mantra auch die Worte „Friede“, „Liebe“, „Gott“ oder „Freude“ benutzen. Jedes dieser Worte wird dich gemäß seiner Schwingung unterstützten.

Weitere Mantren und ihre *heilende Kraft*, insbesondere das Herzensgebet „Herr Jesus Christus, erbarme dich meiner“, wie es in den griechisch- und russisch-orthodoxen Kirchen praktiziert wird, und seine Abwandlung „O Christe Domine Jesu“, habe ich ausführlich in meinem Buch *Wege des Heilens* beschrieben.

Mandala-Meditation

Verehre mich in den Symbolen
und Bildnissen,
die dich an mich erinnern.

Krishna, der Herr, in der Shrimad Bhagavata

Über die meditative Arbeit mit *Symbolen* wird es uns möglich, zu Ebenen der Realität Zugang zu finden, die uns normalerweise verschlossen bleiben. Der Religionshistoriker Mircea Eliade schrieb dazu: „Jemand, der ein Symbol versteht, öffnet sich nicht nur der objektiven Welt, sondern es gelingt ihm gleichzeitig, sich aus seiner persönlichen Situation zu lösen und Einsicht in das Universelle zu gewinnen.“

Auch der Psychologe C. G. Jung beschäftigte sich mit Symbolen. Jung war der Auffassung, daß sie dem Suchenden dabei helfen, auf der spirituellen Reise das Labyrinth seiner begrenzten Eigenschaften zu durchschreiten, um das innere *Selbst* zu erreichen.

Das *Mandala* ist solch ein Symbol, mit dem sich unsere Sicht erweitern und neue Bewußtseins- und Seins-Zustände erreichen lassen. Mandalas sind kosmische Diagramme, die eine göttliche Realität darstellen und in uns wachrufen.

Das Wort „Mandala" heißt wörtlich übersetzt „Kreis". Mandalas sind jedoch mehr als nur einfache geometrische Diagramme. Sie sind meist kunstvolle Zeichnungen oder Malereien in leuchtenden Farben. Ein Mandala setzt sich aus konzentrischen Kreisen zusammen, die um einen zentralen Punkt angeordnet sind. Es beinhaltet oft Quadrate und Dreiecke, die sich an bestimmten Punkten schneiden.

Die konzentrischen Kreise erinnern an ein Durchschreiten verschiedener Dimensionen – vom kosmischen Makrokosmos bis hin zum inneren Mikrokosmos, dem kleinsten Punkt in der Mitte des Mandalas.

Ein besonderes Erlebnis sind die geistig inspirierten, von der Künstlerin Heita Copony gemalten Mandalas. Sie haben mehrere Schichten und entfalten dadurch eine ungeahnte Tiefenwirkung. Beim absichtslosen Betrachten verändert sich immer wieder die Farbabstufung und unterstützt uns darin, ruhig und leer zu werden. Eine Vielzahl dieser Mandalas gibt es als wertvolle Kunstdrucke*, die du für deine Meditation verwenden kannst. Durch die Wirkungen der Farben unterstützen sie dich zusätzlich bei der Harmonisierung der Chakras und führen dich in Bewußtseinsbereiche, aus denen du mit neuen Erkenntnissen deines *Seins* zurückkehrst.

Mandalas sind jedoch nicht immer zweidimensionale Darstellungen. Es gibt große architektonische Kunstwerke, die in Form eines Mandalas gebaut wurden. Beispiele hierfür sind Tempelkomplexe in Südindien, der Borobudurtempel auf

---

* Erhältlich im Aquamarin Verlag und im esoterischen Buchhandel, ebenso wie das Buch *Das Mysterium des Mandalas* von Heita Copony. Es enthält zahlreiche Mandalaabbildungen.

Java, ein gigantisches Bauwerk in Angkor Wat, Kambodscha, sowie die Kathedrale von Chartres in Frankreich mit ihrem Einweihungs-Mandala auf dem Fußboden.

Aber auch die Natur bringt wunderbare Mandalas hervor – sieh nur den Kelch einer Blume oder die Rosette der Hauswurz in ihrer Symmetrie an. Oder betrachte die Momentaufnahme eines Wassertropfens, der auf eine Wasserfläche auftrifft. Im Formenreichtum der Natur erleben wir, wie alles seine Mitte hat und sich aus der Mitte heraus entfaltet.

Es mag paradox erscheinen, daß wir, wenn wir uns auf ein Mandala konzentrieren und damit unser Blickfeld einschränken, eine Bewußtseinserweiterung erfahren können, aber es ist so.

In traditionellen Meditationstechniken aus dem Yoga werden daher Mandalas dazu verwendet, dem Sucher eine größere Einsicht in die Wirklichkeit zu ermöglichen.

Das Zentrum des Mandalas entspricht dem Sitz des Göttlichen in uns. Es ist der Bereich der grenzenlosen, unendlichen Kraft jenseits von Raum und Zeit. Wir finden in diesem Mittelpunkt unser wahres *Sein,* unser wahres Bewußtsein und wahre Glückseligkeit. Wenn wir dies realisiert haben, erkennen wir unsere wahre Quelle, und es eröffnen sich neue, erweiterte Perspektiven für unsere Seele. Das Mandala wird dann nicht länger als eine zweidimensionale Darstellung angesehen, sondern wir erfahren es als Entfaltung unseres eigenen Wesens.

Ein Mandala läßt die Aufmerksamkeit zusammenfließen, um sie im Zentrum zu konzentrieren. Dadurch erweitert sie sich, um neue Dimensionen des *Seins* zu erfahren, unsere wahre göttliche Identität. Nicht nur verstandesmäßig, sondern auch intuitiv erkennen wir so, was wir in Wirklichkeit *sind.*

Wir werden dann verstehen, was schon Hermes Trismegistos erkannte: „Gott ist eine Sphäre, deren Zentrum überall und deren Grenze nirgendwo ist.“

Meditations-Retreat – der Rückzug ins Schweigen

Hör auf zu reden,
hör auf zu denken,
und es gibt nichts mehr,
was du nicht verstehst.

Seng-Tsáng/Sosan († 600 n.Chr.)

In einer alten Sage heißt es, daß die Menschen früher, in einem goldenen Zeitalter, die Sprache aller Tiere, Blumen, Gräser und Bäume verstehen konnten. Diese „Sprache“ war eingebettet in das große Schweigen, das von allen Dingen ausgeht und sie miteinander verbindet. Diese Sprache der Natur wurde vom Schweigen aufgenommen und im Schweigen weitergegeben.

Diese Sprache des Schweigens erneut zu finden oder wenigstens zu erahnen, ist auch im Lärm unserer Zeit möglich und notwendig. In diesem Schweigen vollzieht sich eine Wandlung bzw. Verwandlung, bei der das Verbrauchte im Menschen losgelassen wird, um das Neue und Gesunde hervortreten zu lassen. Die großen Erkenntnisse eines Menschen entstehen immer im Schweigen und nicht im Lärm des Alltags.

Wer in die Einsamkeit geht, um auf dem Weg nach innen das Schweigen zu entdecken, findet zunächst nicht die Stille, sondern den inneren Lärm. All die Stimmen von gestern und vorgestern, die Ängste, die Fragen und das Suchen lassen uns nicht so schnell zur Ruhe kommen.

Es ist schwer, leer zu werden, um dem Schweigen den nötigen Raum zu geben. Der Weg ins Innere ist zu sehr mit dem Gerümpel des Alltags verstellt, um ungehindert dort eintauchen zu können. So mancher läßt sich daher schon zu Beginn des Weges entmutigen und begibt sich lieber wieder in den gewohnten Strudel des Lebens.

Wenn wir der Wirklichkeit des Lebens begegnen wollen, *müssen* wir zuerst schweigen lernen. Nur in der Stille sind wir in der Lage, des göttlichen Lichts gewahr zu werden.

In der Meditation haben wir die Möglichkeit, uns den Geheimnissen und Wundern der Schöpfung zu nähern. Ohne durch Rausch und Drogen vor der Realität zu fliehen, müssen wir Wege beschreiten, die nach innen führen.

Wir alle tragen ein Lied in unserem Herzen, das gesungen werden möchte. Wir spüren in uns einen Tanz, der getanzt werden möchte. Doch der Tanz ist unsichtbar und das Lied haben wir noch nicht gehört. Es liegt tief verborgen in uns, im innersten Kern unseres Wesens. Erst wenn wir in die Stille gehen und uns in Selbstbetrachtung üben, können wir unsere inneren Lieder und Tänze wahrnehmen.

Durch diese Selbstbetrachtung gelangen wir zur Selbstverwirklichung. Es sind nur wenige, die ihr Leben im Wachstum transformieren, sich auf der inneren Reise zur Selbstverwirklichung treu bleiben und zu ihrer wahren Bestimmung finden.

Im Osten war Buddha einer dieser Menschen, im Westen Christus. Das Wort Christus hat die gleiche Bedeutung wie das Wort Buddha: *Einer, der zuhause angekommen ist.*

Die Wege zur Selbstfindung mögen verschieden sein, doch das Ziel ist immer das gleiche.

Auf dem buddhistischen Weg geht es darum, sich von Ängsten, Wunschträumen und Hoffnungen zu lösen. Ein Buddhist möchte das Nirwana, das *„Nichts"*, erreichen. Diese Sehnsucht nach dem *„Nichts"* können wir nur verstehen, wenn wir wissen: *„Nichts"* heißt *Einssein mit der Quelle allen Seins und mit allem, was existiert.* Ohne sich auf etwas Bestimmtes zu konzentrieren, versenkt sich der Meditierende in seinen inneren Frieden, der die *persönlichen* Wünsche auslöscht.

Ein Christ strebt nicht nach der Aufgabe des persönlichen Ichs; er verlangt nicht nach dem „Nichts". Er weiß, daß das Geheimnis, nach dem er sucht, einen Namen hat. Christliche Meditation ist *ein Dialog mit Gott* oder mit Jesus Christus. Wir können uns ganz bewußt mit der Christusenergie verbinden, um dabei die Kraft der allumfassenden Liebe zu erfahren.

In der persönlichen Liebe verblassen die Worte oft, und das Schweigen wird zur Sprache der Liebe.

Auch in der Liebe ist Schweigen tiefgründiger als Worte.

Wer kein Innenleben hat und nur nach außen lebt,
vermag seine eigenen Fehler nicht zu erkennen.
Die Meinung, die er von sich selbst hat,
verschleiert seine geistige Schau.
Wer sich wirklich entwickeln will,
muß die Fehler in sich erkennen,
auf die andere ihn aufmerksam machen.
Er muß sein Möglichstes tun, um sie auszutilgen,
und jedem dankbar sein, der sie ihm aufzeigt.
Nur so vermag er im Geistigen zu wachsen.

Swami Sivananda Sarasvati

Unser Ich-Bewußtsein

Es existieren verschiedene Ebenen unseres Ichbewußtseins. Wir haben nicht nur ein körperliches Zellbewußtsein, sondern auch ein Bewußtsein in unseren feinstofflichen Körpern. Der Ätherkörper ist dem physischen Körper am nächsten. Es folgt der Astralkörper, zu dem der spirituellen Suchern häufig Probleme bereitende Emotionalkörper sowie der Mentalkörper gehört. Als nächstes kommt der Kausalkörper, der das Seelenbewußtsein in sich trägt.

Es gibt viele verschiedene Bewußtseinsstufen, auf die ich nicht alle eingehen werde. Wichtig erscheint mir jedoch die Unterscheidung zwischen unserem niederen *Ich* – dem *Ego-Ich,* das mit dem Emotionalbewußtsein identisch ist – und dem höheren *Ich* – dem *Seelen-Ich,* dem Seelenbewußtsein des Kausalkörpers.

Das *Ego-Ich* ist das vordergründige *Ich,* mit dem wir unsere Rollen im Alltag spielen und das von unserem raum- und zeitabhängigen Wissen und unserem linear denkendem Intellekt beeinflußt wird. Es ist das kleine, *vergängliche Ich,* das *Ich* der gegenwärtigen Person, das in unserer jetzigen Inkarnation seine Rolle spielt. Es ist das *Ich,* das leidensfähig, verletzbar und emotional ist.

Das höhere *Ich,* das wirkliche *Selbst,* existiert unabhängig von Raum und Zeit. Es ist unser göttlicher Funke, den es schon immer gegeben hat und der unvergänglich und unsterblich ist.

Dieses höhere *Ich* strebt nicht nach Besitz und ist nicht abhängig von Materiellem. Das Bewußtsein des Seelen-Selbst ist Teil des Unendlichen und daher allumfassend.

Unser Seelen-Selbst kann sich auf der materiellen Ebene nur über unseren Körper Ausdruck verleihen. Der Körper ist somit das Fahrzeug der Seele. Denke also daran: „Du bist nicht dein Körper, sondern du hast einen Körper!"

Folgende Beispiele sollen dies verdeutlichen:

Ein Klavierspieler benötigt ein Klavier, um sich Ausdruck zu verleihen. Ohne Klavier wäre ihm dies unmöglich. Er käme jedoch nie auf den Gedanken, sich mit dem Klavier zu identifizieren.

Auch als Fahrer deines Kraftfahrzeuges wirst du dich nicht für das Fahrzeug halten, genausowenig wie du dich als Hausbewohner für das Haus hältst, das du bewohnst.

Du bist nicht dein Körper. Du bist auch nicht der Name, mit dem du gerufen wirst, sondern du bist der Träger dieses

Namens, dessen Schwingung dich auf deinem Weg unterstützen kann.

Stelle dir einmal vor, du stehst am Ufer eines Flusses und schaust dir die Steine am Grund des Wassers an. Dann beschließt du, mit einem Arm ins Wasser zu greifen, um einen bestimmten Stein zu berühren. Dabei fließt dein Bewußtsein durch deinen Arm in deine Hand, um den Stein zu spüren und als das wahrzunehmen, was er ist.

Ähnlich ist es mit deiner Seele, die einen *Seelenstrahl* in deinen Körper auf dieser Erde geschickt hat, um Erfahrungen zu machen.

Dieser Seelenstrahl, der für eine gewisse Zeit diesen Körper bewohnt, weiß natürlich von seiner Quelle. In der Welt der Getrenntheit, in der sich dieser Seelenstrahl zur Zeit befindet, spürt er oft einen unsagbaren Schmerz, den wir „Heimweh" nennen. Er kann dieses Heimweh jedoch erst in tiefer Meditation überwinden, da in ihr die direkte Verbindung zu unserem göttlichen Selbst und unserem Seelenkörper wiederhergestellt wird.

Wenn dir mit Hilfe der folgenden Meditationsübungen bewußt geworden ist, wer du wirklich bist, wirst du vermutlich nicht mehr sagen: „Ich bin krank", sondern allenfalls: „Ich habe gerade eine Krankheit." Du wirst *anders* als bisher mit Krankheiten umgehen, da du dich nicht mehr mit ihnen identifizierst. Somit kann auch ein Heilungsverlauf wesentlich schneller erfolgen.

In der Meditation kannst du dein wirkliches Selbst-Bewußtsein erfahren. Ein Selbst-Bewußtsein, das keine Krankheiten und keinen Tod kennt. Lausche in der Meditation auf die Schwingung deiner Seele, und du kannst den Urton deiner wahren Natur hören. Dies ist der göttliche Laut OM, der in dir schwingt.

Der Schriftsteller Stefan Zweig sagte: „Wer einmal sich selbst gefunden hat, der kann auf dieser Welt nichts mehr verlieren, und wer sein *Selbst* begriffen hat, der begreift alle Menschen."

Nimm dir die Zeit und stelle dir in der Meditation die folgenden Fragen. Bitte dein höheres Selbst, dein Seelen-Selbst, um Antworten. Lausche diesen Antworten mit ganzem Herzen.

1. Wer bin ich, der sich in diesem Körper befindet?
2. Bin ich die Gefühle und die Emotionen, die ich wahrnehme?
3. Bin ich mein Name?
4. Bin ich die Wünsche oder die Gedanken, die ich habe?
5. Oder bin ich nur der, der dies alles beobachtet?

Sicher wirst du dabei wichtige Erkenntnisse machen. Fahre Schritt für Schritt mit der folgenden Ich-bin-Meditation fort, um dir so *bewußtzumachen,* was du wirklich bist:

Ich bin eine verkörperte Seele.
Ich bin reine Energie.
Ich bin Freude.
Ich bin Frieden.
Ich bin Liebe.
Ich bin göttliches Licht.
Ich bin göttlicher Wille.

Ich bin, was ich suche.
Ich bin innerlich mit mir versöhnt.
Ich bin, was ich bin.
ICH BIN.

Überlasse dich dann dem inneren Schweigen, um dieses ICH BIN in seiner ganzen göttlichen Wahrheit zu erfahren.

Unser Atem

Für eine erfolgreiche Meditation ist unser Atem von großer Bedeutung.

Durch tiefe Atmung umgeben wir unseren Körper mit einem stärkeren Energiefeld als bei flacher Atmung. Wir nehmen mit jedem Atemzug Sauerstoff auf, der für die Regeneration unserer Zellen notwendig ist. Außerdem atmen wir die Lebensenergie ein, die von den Hindus „Prana“ genannt wird.

Prana ist die vitale Lebenskraft, die alles Lebendige durchströmt. In China und Japan wird sie „Chi“ bzw. „Ki“ und von Christen „göttliches Licht“ oder „Heiliger Geist“ genannt. Diese Lebenskraft ist zugleich die „Heilkraft der Natur“, wie sie von Hippokrates bezeichnet wurde. In Ägypten nannte man sie „Ka“.

Prana durchdringt den gesamten Kosmos. Auch unser lineares Bewußtsein benötigt diese Lebenskraft, um Energiemuster in Form von Gedanken bilden zu können. Diese „Gedankenenergie“ wirkt sich natürlich auch auf unsere Meditation aus.

Bei jedem Einatmen bilden wir Gedankenmuster, Seinsmuster oder Absichtsmuster über das, was wir gerne tun oder sein möchten. Beim Ausatmen gelangen diese Gedankenmuster in unser Zellbewußtsein, das somit von ihnen geprägt wird.

Daher ist es wichtig, tief und bewußt zu atmen. Schnelles, flaches Atmen beraubt uns unserer Vitalität und macht uns anfällig für destruktive Einflüsse.

Am Atem lassen sich auch alle Veränderungen des Denkens und Fühlens feststellen. Bei Nervosität atmen wir flach in den oberen Brustkorb. Angst führt zu schneller und gepreßter Atmung. Wenn wir glücklich sind, atmen wir hingegen bis tief in den Bauch.

Durch die Atmung kommt nicht nur unser energetischer Zustand zum Ausdruck – wir können ihn in Verbindung mit unserer Gedankenenergie auch bewußt verändern.

Durch den Atem lassen sich tiefe Bewußtseinsschichten erschließen und der Geist erweitern. Wenn ein geübter Yogi seine Atmung verlangsamt, ist er in der Lage, den Schlaf in völliger Bewußtheit zu erleben. Durch die Verlängerung des Ein- und Ausatmens, das *Pranayama,* kann der Yogi alle Formen des Bewußtseins durchdringen.

Wir beginnen unser irdisches Leben mit einem Atemzug und beenden es ebenso. Doch niemand lehrt uns, richtig zu atmen. Durch falsches Atmen wird unser Körper energetisch unterversorgt.

In unserer streßgeplagten Zeit ist es wichtiger denn je, zu lernen, sich richtig zu entspannen. Ohne die richtige Atemtechnik ist dies jedoch unmöglich.

Richtiges Atmen ist langsames Atmen. Um den Atem zu verlangsamen, verlängerst du einfach das Ausatmen. Das natürliche Ausatmen ist im Idealfall etwa um die Hälfte länger als das Einatmen.

Laß dabei den Atem in sanften Zügen langsam durch die Nase entweichen. Beobachte, wie dein Atem mühelos immer ruhiger wird. Mache pro Minute zehn bis zwölf Atemzüge.

Wenn du deinen Atem beobachtest, wirst du dich dabei entspannen. Dein Atem wird sich auf zehn oder gar noch weniger Atemzüge pro Minute verlangsamen. Laß die eingeströmte Luft bis tief in den Bauch hinein fließen. Richte dabei deine Aufmerksamkeit auf einen Punkt etwa drei Fingerbreit unterhalb des Nabels. Hier befindet sich das sogenannte „Hara-Zentrum", das in Ostasien auch *Tanden* genannt wird. *Tanden* ist laut chinesisch-japanischer Überlieferung der Schwerpunkt des Körpers.

Tanden wird mit folgendem Schriftzeichen dargestellt (siehe gegenüberliegende Seite oben):

Das obere Schriftzeichen bedeutet rot oder merkurialisch. Das untere bedeutet Feld. Zusammen heißt dies: *„das Feld*

丹

田

der merkurialischen Kraft". Es wird aber auch *„kikai"* – *„das Meer von Energie"* – genannt.

Mit der Bauchatmung, der *Tanden-Atmung,* erzeugst du demnach ein Meer von Energie. Wir können auch sagen: „Du bist in der Kraft des Hara."

Der Bauch steht dabei für die Erde oder *Yin*, den weiblichen intuitiven Geist, das Unbewußte, den Schatten. Er repräsentiert den Mond und ist die Quelle der Kreativität, künstlerischer Eingebungen, tiefer religiöser Erfahrungen und befreiender Erleuchtungserlebnisse. *Yin* wird mit folgendem Zeichen dargestellt:

陰

Der Kopf repräsentiert den Himmel oder *Yang*, die Sonne, das Licht und den männlichen Intellekt, den Logos. *Yang* wird mit diesem Schriftzeichen dargestellt:

Das nachfolgende Zeichen ist mittlerweile auch bei uns im Westen als Yin-Yang-Symbol bekannt.

Es ist das *T'ai-chi-T'u*, welches die höchste Wirklichkeit darstellt. Es zeigt, daß der Keim des Lichts in der Dunkelheit und der Keim der Dunkelheit im Licht enthalten ist.

Was die westlichen Wissenschaftler als biologischen Rhythmus bezeichnen, beschreiben die Lehren des Hatha- und des Swar-Yoga (swar = Atem) seit Jahrtausenden: die Auswirkung der Nasenatmung auf unsere physische und psychische Konstitution.

Untersuchungen haben bestätigt, daß wir immer entweder durch das rechte oder linke Nasenloch atmen, je nachdem, welche Gehirnhälfte im Moment aktiver ist. Wenn wir vermehrt durch das linke Nasenloch atmen, ist die rechte Gehirnhälfte aktiver bzw. stärker beansprucht.

Es gibt aber auch verschiedene Möglichkeiten, um den Atemstrom von der einen auf die andere Seite zu lenken. Wenn wir z.B. auf der linken Körperseite liegen, öffnet sich das rechte Nasenloch. Dabei löst der Druck auf den Arm und die linke Brustkorbseite einen Reflex aus, der das rechte Nasenloch weitet und das linke schließt.

Die gleiche Wirkung erzielen wir, wenn wir die Faust in die Achselhöhle pressen. Wir können diesen Reflex auch nutzen, indem wir uns nach dem Essen auf die linke Körperseite legen. Dadurch wird nicht nur das rechte Nasenloch geöffnet, sondern auch die Verdauung angeregt. Außerdem erhöht der rechtsseitige Atemstrom die Körperwärme. Wenn wir uns angenehm warm fühlen, können wir uns auf die rechte Körperseite drehen, was beruhigend wirkt und das Einschlafen erleichtert.

Wenn wir bemerken, daß unser Atem gleichmäßig durch beide Nasenlöcher strömt, bedeutet das, daß beide Gehirnhälften, die intuitive und die intellektuelle, harmonisch zusammenarbeiten.

Wenn jedoch ein Nasenloch länger als sechs bis acht Stunden geschlossen bleibt, ist dies Vorbote einer Erkrankung.

Mit einer regelmäßig durchgeführten Übung aus dem Hatha-Yoga können wir lernen, uns auszubalancieren und in die Harmonie mit uns selbst zu finden.

Schließe beim Einatmen mit dem Daumen das rechte Nasenloch und laß es dann wieder los, um beim Ausatmen mit dem Ringfinger das linke Nasenloch zu schließen.
Mache dies siebenmal, dann wechsle die Seiten, wobei du nunmehr beim Einatmen das linke und beim Ausatmen das rechte Nasenloch schließt.

Wenn wir uns beim Einatmen auf „positive“ Gedanken wie „ich bin in vollkommener Harmonie“ oder „ich bin ruhig und gelassen“ konzentrieren, gelangen wir in kurzer Zeit ins Gleichgewicht.

Atemübungen nach Sary Aulie

Sary Aulie, ein spiritueller Heiler aus Kasachstan, sagte, daß wir im allgemeinen nur etwa dreißig Prozent unserer Lungenkapazität nutzen. Entweder atmen wir nur in den Bauch oder nur in die oberen Lungenspitzen. Besonders ängstliche Menschen atmen flach und kurz. Große Abschnitte der Lunge bleiben somit ungenutzt.

Doch erst die sinnvolle Ausschöpfung unserer Lungenkapazität ermöglicht es uns, die volle Lebensenergie aufzunehmen, die wir nicht zuletzt für unser spirituelles Wachstum benötigen.

Laut Sary Aulie unterstützt uns eine volle Atmung insbesondere in der Annahme von kosmischer Energie und in der innerlichen Körperreinigung und Selbstheilung.

Sary meint, daß wir bei Ausnutzung unserer vollen Atmungskapazität auch mehr Erdenergie aufnehmen können. Dadurch wird unsere parapsychologische Entwicklung unterstützt und unsere Wahrnehmungsfähigkeit für Parallelwelten erhöht.

Meridianatmung

Diese Übung wird im Stehen durchgeführt. Die Füße stehen dabei schulterbreit mit nicht ganz durchgedrückten Knien parallel nebeneinander. Die Arme hängen locker herab.

Je intensiver du deine Vorstellungskraft einsetzt, um so größer ist die Wirkung.

1. Stell dir vor, wie du durch die Fingerspitzen deiner herabhängenden *linken* Hand einatmest. Dabei ziehst du den Atem durch den linken Arm bis zum Herzen, um ihn von dort während des Ausatmens zum rechten Arm und durch die Fingerspitzen der *rechten* Hand fließen zu lassen.

   Nach dreimaliger Wiederholung atmest du durch die *rechten* Fingerspitzen ein, um den Atem während der

Ausatmung wieder über den Herzbereich, diesmal in den *linken* Arm und die Fingerspitzen der linken Hand, zu leiten. Auch dies wiederholst du dreimal.

2. Beim nächsten Zyklus beginnst du wieder bei den Fingerspitzen der *linken Hand* und ziehst den Atem durch den Arm zum Herzen empor, um ihn diesmal in das *rechte Bein* und durch die Fußsohle in die Erde fließen zu lassen.

   Nach dreimaliger Wiederholung wechselst du die Seite, indem du durch die Finger der *rechten Hand* einatmest, den Atem über den Herzbereich ins *linke Bein* und durch die Fußsohle in die Erde leitest. Dreimal wiederholen.

3. Danach atmest du gleichzeitig durch *beide Fußsohlen* ein und ziehst den Atem bis zum Herzen. Dort läßt du ihn *über Kreuz* fließen und leitest ihn während der Ausatmung durch *beide Arme und Hände* in die Fingerspitzen. Auch diesen Zyklus wiederholst du dreimal.

4. Der letzte Teil der Übung besteht darin, daß du deine Arme auf beiden Seiten schräg nach oben hältst – wie ein großes X –, um nunmehr die kosmische Energie beim Einatmen *durch die Fingerspitzen* beider Hände aufzunehmen. Du leitest die Energie und den Atem wieder in den Herzbereich und läßt sie dort *überkreuzen*, um sie beim Ausatmen diesmal in *beide Beine* und durch die Fußsohlen *in die Erde* fließen zu lassen.

   Wenn du die ganze Übung jeden Morgen einmal machst, wird sie dich nicht nur erfrischen, sondern auch zu einem Yin-Yang-Ausgleich und zu mehr Harmonie führen.

Reinigungsatmung

Auch diese Atemübung wird im Stehen ausgeführt. Die Füße stehen dabei wieder parallel auf Schulterbreite, und die Knie sind nicht ganz durchgedrückt.

Beide Oberarme werden mit den Ellenbogen seitlich am Oberkörper angelegt, während die Unterarme im Winkel von ca. 90 Grad nach vorne abgewinkelt und mit den Handflächen nach oben gerichtet sind (siehe Abbildungen Seite 103 u. 104).

Du atmest langsam und gleichmäßig tief ein und ziehst *gleichzeitig* deine Hände zum Körper heran. Wie mit einem Flügelschlag bringst du die Arme ausgestreckt über den Kopf, so daß die Handflächen nach unten gerichtet sind und die Fingerspitzen zueinander zeigen.

Während du den Atem anhältst, führst du deine Hände hinter dem Kopf nach unten und dann seitlich neben den Kopf, so daß die Handflächen nach vorne zeigen.

Mit einer kräftigen Ausatmung streckst du deine Arme in Schulterhöhe aus und richtest beide Handflächen nach vorne.

In der Atempause verharrst du in dieser Stellung. Während des zweiten Atmungszyklus drehst du die ausgestreckten Hände mit den Handflächen nach oben. Mit der langsamen und gleichmäßigen Einatmung ziehst du die Hände in dieser Haltung vor den Brustbereich. Mit angehaltenem Atem drehst du deine Handflächen dicht am Körper langsam zueinander, so daß sie etwas weiter nach unten zeigen. Während du *kräftig ausatmest*, schiebst du deine Hände dicht vor dem Körper nach unten, bis deine Arme ausgestreckt sind. Stelle dir dabei vor, wie du alle verschmutzten Energien in die Erde drückst. Bitte die Erde, diese Energien zu verwandeln.

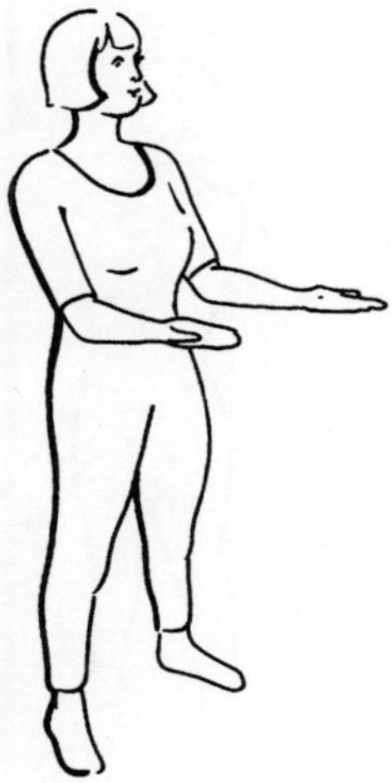

Abb. 1

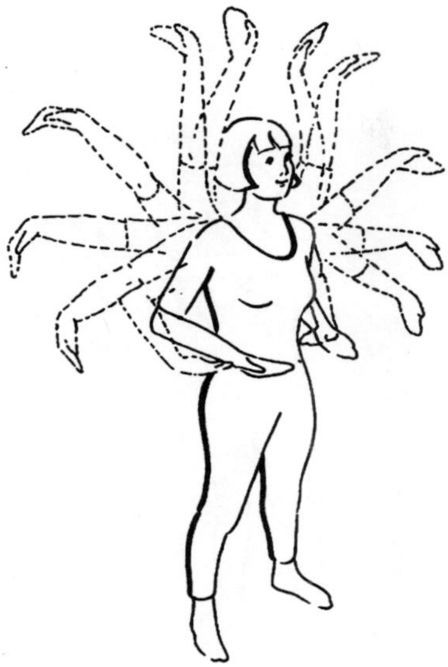

Abb. 2

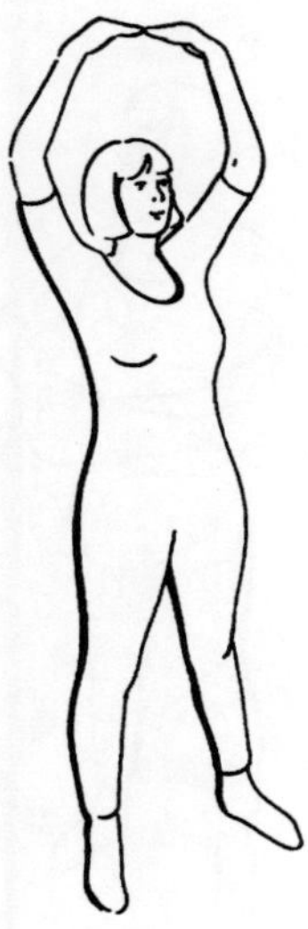

Abb. 3

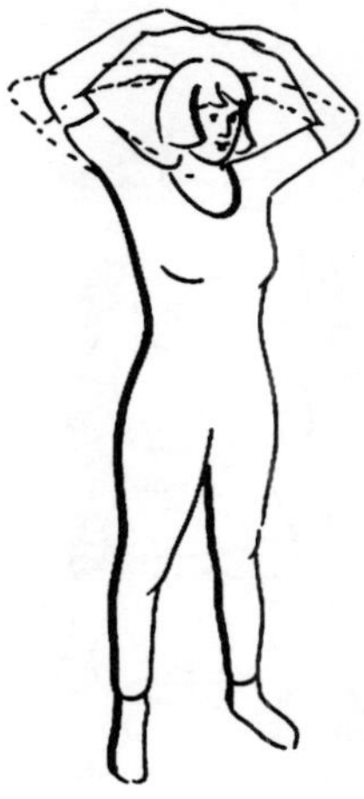

Abb. 4

Abb. 5

Abb. 6

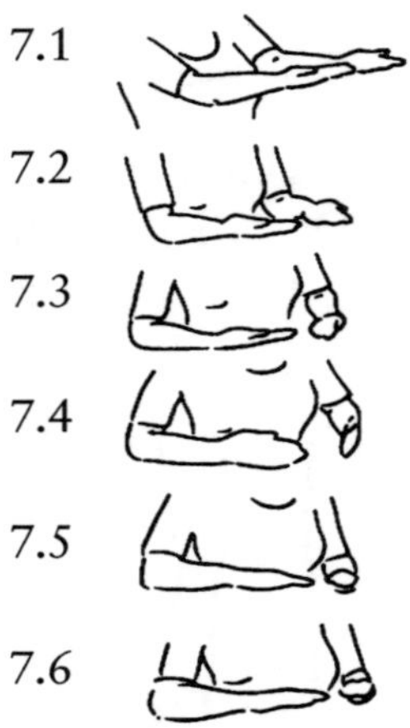

Abb. 7

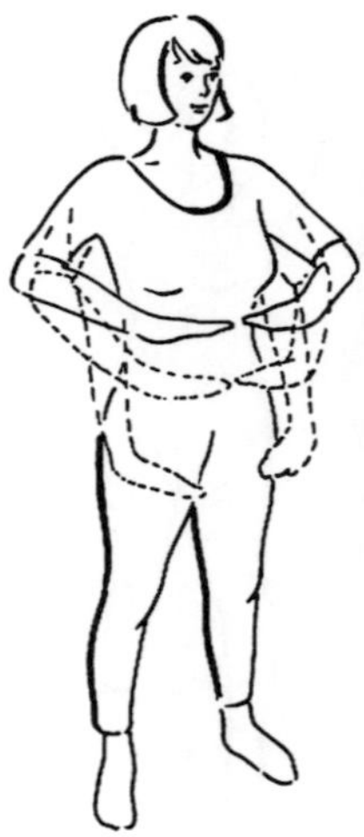

Abb. 8

Beide Durchgänge werden insgesamt dreimal durchgeführt. Das genügt, um den Körper und das ihn umgebende Energiefeld zu reinigen.

Meditationstafeln

Eine erstaunliche Wirkung kann durch die Betrachtung von Meditationstafeln erzielt werden. Besonders geeignet sind die Tafeln von Chartres, die 1878 von Pierre Derlon der Öffentlichkeit zugänglich gemacht wurden.

Dies ist eine Meditationstechnik, die seit langem von französischen Zigeunern praktiziert wird.

Dabei betrachtet man drei farbige Tafeln, die von den Zigeunern als die „Tafeln der Kathedrale von Chartres" bezeichnet werden.

Diese Tafeln sind mit Anleitung erhältlich bei:

George Pennington
Lenzwald 2
D-84570 Polling.

Es ist hilfreich, bei George Pennington ein Übungsseminar zu besuchen, um erfolgreich mit den Tafeln arbeiten zu können.

Eine andere, nicht minder phantastische Möglichkeit, eine neue Dimension des Sehens zu erfahren, bieten die Bildbände „Das magische Auge". Selbst wenn es anfangs schwierig erscheint, kannst du deine Art des Sehens vom bisher Zweidimensionalen auf das Dreidimensionale erweitern.

Die Betrachtung der folgenden Abbildungen soll dir dabei helfen, deine Mitte zu finden.

Tafel I unterstützt dich, eine Ausgeglichenheit zwischen linker und rechter Gehirnhälfte herzustellen.

Lege eine der Tafeln in etwa dreißig bis fünfzig Zentimeter Entfernung vor dich hin und versuche, mit entspanntem Blick mit dem rechten Auge das rechte und dem linken Auge das linke Symbol zu betrachten. Dabei wirst du wie bei den Übungen mit Mandalas bemerken, daß dein Blick immer wieder zur Mitte geführt wird. Dein rastloser Geist wird erstaunlich schnell zur Ruhe kommen. Vielleicht wirst du mit Verwunderung feststellen, daß du plötzlich mehr siehst als nur das Abgebildete. Energiefelder umgeben die Symbole. Insbesondere die Raute zwischen den beiden Ovalen wird dir plötzlich mehrdimensional erscheinen.

Nimm dir Zeit für diese Übung und beobachte, wie du allmählich immer mehr in deine *Mitte* kommst und sich eine wohltuende innere Ruhe einstellt.

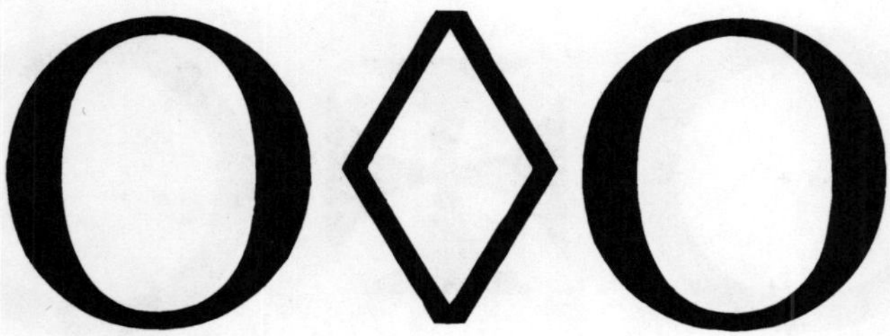

Tafel I

Tafel II

Die verschiedenen Bewußtseinsebenen

Wenn du den Zustand wahrer Meditation und die damit einhergehende tiefe Ruhe und Leere erreichst, tauchst du in das kosmische Allbewußtsein ein wie ein Regenbogen in den Ozean und versinkst darin wie das Licht einer Kerze im Sonnenlicht. Die Erfahrung, die du dabei machst, hat auch Zugang zum kollektiven Unterbewußtsein.

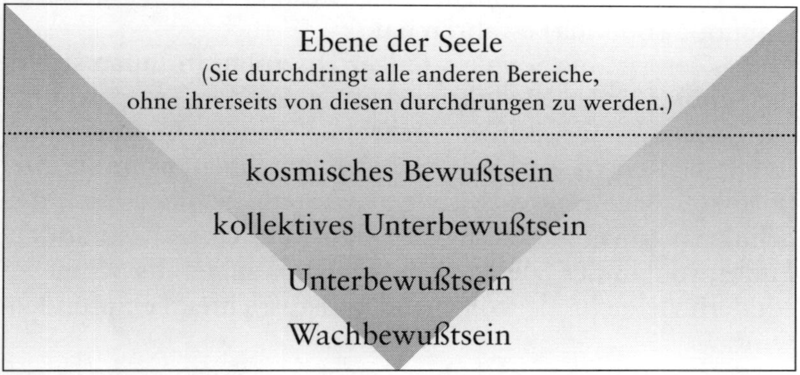

In deinem persönlichen Unterbewußtsein liegen all deine verdrängten Bewußtseinsinhalte. Das kollektive Unterbewußte beinhaltet hingegen die Erfahrungen, die den Menschen aller Zeitepochen und Kulturen gemeinsam sind.

Auf dieser Ebene bist du ein Teil des Ganzen. Wenn du dich durch deine Erfahrung in der Meditation veränderst, veränderst du auch das Ganze.

Za-Zen

In Japan hat sich vor mehr als eintausend Jahren eine besondere Art der Meditation entwickelt: das Za-Zen.

Bei allen Meditationstechniken ist es wichtig, die Aufmerksamkeit zunächst auf ein bestimmtes Objekt zu richten.

Dies kann eine Kerzenflamme, der Atem, ein Mandalabild, ein Mantra oder ein bestimmtes Thema sein.

Beim Za-Zen geht es darum, den Geist von der Knechtschaft *jeglicher* „Anhaftung“ zu befreien. Das nächste Ziel im Za-Zen ist ein Zustand vollkommener inhaltloser Wachheit, der die Erkenntnis des eigenen Wesens, der eigenen Buddha-Natur, ermöglicht.

Im Za-Zen wird ein bescheidenes und zurückgezogenes Leben angestrebt. Es ist ein Zweig des Mahayana-Buddhismus, in dem es um die Erkenntnis unseres wahren Wesens geht. Dies ist der Zustand der Erleuchtung, wie ihn Siddharta Gautama (Buddha) erfahren hat.

Za-Zen ist eine Schule strenger Disziplin. In Japan sitzen die Schüler in der Meditationshalle eines Zen-Tempels, und ein sogenannter „Bonze“ geht mit seinem Bambusstock durch die Reihen der Meditierenden, um ihnen, wenn sie ihre korrekte Meditationshaltung verlieren, Schläge auf die Schultern zu verpassen. Er zielt dabei auf einen bestimmten Punkt, so daß der Schlag vom Schüler weniger als Schmerz, sondern vielmehr als wohltuend und aufrichtend empfunden wird.

Wenn auch schon viel über Zen geschrieben wurde, ist ein Zen-Meister eher geneigt, möglichst wenig darüber zu sprechen. Der Weg des Zen kann nicht über Erklärungen, sondern nur durch Praktizieren erfahren werden.

In der japanischen Tradition ist ein Zen-Meister meist sehr schroff, damit sich die Schüler nicht zu wohl fühlen und dadurch ihr Ziel aus den Augen verlieren.

Es gibt drei Stufen auf dem Zen-Weg:

Auf der ersten Stufe lernt der Schüler, sich selbst zu beherrschen und seine Leidenschaften zu überwinden. Dadurch wird er gegenüber dem Leben und dem Tod gleichmütiger.

Auf der zweiten Stufe wird durch vermehrtes passives Verhalten der Gleichmut gegenüber Angenehmem und

Unangenehmem gefördert. Dies unterstützt die Verbindung mit den kosmischen Kräften.

Die Erleuchtung erlebt der Schüler in der dritten Stufe. Er ist nicht länger gefangen in Zeit und Raum und gelangt in einen Zustand des absoluten Seins.

Nun gilt es, sich ob dieser mystischen Erfahrung nicht zu rühmen, sondern sie in Stille und Bescheidenheit in den Alltag zu integrieren.

Es gibt im Za-Zen kaum Hilfsmittel – zumindest was Meditationsobjekte im herkömmlichen Sinn betrifft.

Es gibt jedoch das „Koan“. Ein Koan ist ein Wort aus einem Sutra, das der Meister seinem Schüler mitgibt. Ein Koan ist ein Rätsel, das sich nicht mit dem Verstand lösen läßt. Es kann nur durch den Eintritt in eine andere Bewußtseinsstufe verstanden werden. Ein Koan verdeutlicht dem Schüler die Grenzen des rationalen Denkens. Er muß die Lösung jenseits der Welt der Widersprüche und des dualistischen Denkens finden.

In einer anderen Zen-Tradition wird das kontinuierliche Wiederholen von Buddhas Namen praktiziert („na-mu-a-mi-da-bu, na-mu-a-mi-da-bu, na-mu-a-mi-da-bu, na-mu-a-mi-da-bu). Diese sogenannte „Nembutsu“-Praxis entwickelte sich im zehnten Jahrhundert. Vom Zen-Meister Yang-ming Yen-shou († 975) wurde sie ins Zen übernommen. Dabei geht es um die Erkenntnis, daß derjenige, der den Buddha anruft, auch den Geist und die Natur Buddhas in sich trägt.

Diese Praxis wurde aus der indischen Mantra-Tradition übernommen. Die kontinuierliche Wiederholung von Buddhas Namen erzeugt einen Bewußtseinszustand der Grenzenlosigkeit. In dieser Übung ist es die Schwingung des Namens, die in das sogenannte Nembutsu-Bewußtsein führt, in dem die wahre Natur der Wirklichkeit und des Nichts erkennbar wird.

Es gibt eine ganze Reihe von Übungen, die sich aus der Zen-Tradition entwickelt haben. Dazu gehört die Teezeremonie, bei der es unter anderem auch darum geht, sich nicht von der Schönheit einer Geisha ablenken zu lassen. In der Kunst des Blumensteckens symbolisieren die gesteckten Blumen und Zweige die inneren Lotusblumen. In der Tuschemalerei werden Gedankenbilder durch Gemälde ausgedrückt, und in der Kalligraphie übt man sich in der Kunst der japanischen Schriftzeichen.

In Japan besitzt das Kyudo einen hohen Stellenwert. Es handelt sich dabei um die Kunst des Bogenschießens, die sich ebenfalls aus dem Zen entwickelt hat. Dabei geht es weniger um die Schärfe des Auges, als vielmehr um Achtsamkeit und innere Ausgeglichenheit. Diese hohe Kunst des Bogenschießens findet sich bei den Samurai-Kriegern Japans und wird auch in den indischen „Upanishaden" beschrieben.

Der Upanishads große Waffe ergreif als Bogen,
den Pfeil leg auf, geschärft durch Meditation,
den spanne durch auf Brahmans Sein gelenkten Geist,
und triff, o Teurer, als Ziel das Unvergängliche.

(Mundaka-Upanishad II,2,3)

Swami Sivananda schreibt dazu:

Stelle dir OM als Bogen, das Denkprinzip als Pfeil
und Brahman (Gott) als Zielscheibe vor.
Ziele mit großer Aufmerksamkeit auf diese Scheibe,
und dann, wie der Pfeil mit der Zielscheibe eins wird,
wirst du eins mit Brahman.

(Practical Lessons in Yoga)

Ich verstehe aufgrund meiner eigenen Kyudo-Praxis das Zitat von Swami Sivananda so:

Indem wir den Bogen ergreifen, verbinden wir uns mit der Sanskritsilbe OM, die uns mit der unmanifestierten und mit der manifestierten Gottheit verbindet.

Mit dem „Denkprinzip als Pfeil" ist dein göttliches Selbst gemeint, das du auf die Sehne des Bogens auflegst.

Das „Zielen mit großer Aufmerksamkeit" entspricht der geistigen Ausrichtung auf das Ziel – auf Brahman, auf Gott. Wenn der Pfeil sein Ziel trifft, verschmelzen wir mit dem Göttlichen.

Der deutsche Philosoph Eugen Herrigel verbrachte viele Jahre in Japan, um Zen und die Kunst des Bogenschießens zu erlernen. Die für ostasiatisch denkende Menschen leichter nachvollziehbaren Aussagen der Upanishaden waren Herrigel zunächst unverständlich. In seinem Buch* schreibt er: „... dies bedeutet nun mit Rücksicht auf das Bogenschießen in freilich ganz vorläufiger und eben deshalb vielleicht bedenklicher Feststellung: die geistigen Übungen, denen allein zu verdanken ist, daß die Technik des Bogenschießens zur Kunst wird und, wenn es sich so fügen sollte, als kunstlose Kunst sich vollendet, sind mystische Übungen, und das Bogenschießen kann somit unter keinen Umständen den Sinn haben, mit Bogen und Pfeil äußerlich, sondern mit sich selbst innerlich etwas auszurichten."

Diese Zeilen zeugen von Eugen Herrigels Verständnis vom „Weg des Bogens". Sein Buch hat mich, wie viele vor mir, zum Kyudo geführt. Der Weg des Bogens ist für mich eng mit meinem Weg durchs Leben verbunden. Kyudo ist für mich neben meiner traditionellen Meditation eine wichtige Schulung für den Weg der Achtsamkeit. Der Pfeil kommt *so* ins Ziel, wie es dem von uns beschrittenen Weg des Bogens entspricht. Nachdem sich der Pfeil von der Sehne gelöst hat, läßt sich

---

* Eugen Herrigel: *ZEN in der Kunst des Bogenschießens,* O. W. Barth Verlag.

nichts mehr korrigieren. Der Pfeil trifft das Ziel, oder er geht daneben. Nur mit einem neuen Pfeil kann ich einen neuen Weg des Bogens gehen und mich mit dem Ziel verbinden.

Und so ist es auch im täglichen Leben. Gesagtes und Getanes läßt sich ebensowenig zurücknehmen wie ein abgeschossener Pfeil. Ich werde einst *so* ans Ziel kommen, wie es dem Weg entspricht, den ich in meinem Leben gegangen bin. Wenn ich erkenne, daß mein bisheriger Weg sein Ziel verfehlen wird, kann ich einen neuen Weg wählen – ebenso, wie ich beim Kyudo einen neuen Pfeil auflegen kann. Widme ich mich dann diesem Weg mit der nötigen Achtsamkeit, werde ich jeden Augenblick meines Lebens intensiver erfahren können als jemals zuvor.

Wir können in der Gegenwart
weder die Vergangenheit noch die Zukunft finden.
Und selbst in der Gegenwart ist es
den meisten Menschen nicht möglich,
diese zu erfassen, da sie im nächsten Moment
schon wieder Vergangenheit ist.

Herbert Hoffmann

Wenn wir die Gegenwart tatsächlich nicht erfassen können, wie können wir dann zu uns selbst finden? Und doch meinen wir zu wissen, wer wir sind. Es lohnt sich, diesen Fragen in der Meditation nachzugehen.

Tanzmeditation – Trancetanz

Als Kind hast du es vielleicht selbst erlebt, oder du hast es bei anderen Kindern beobachtet: Wenn ein Kind Musik hört, beginnt es, sich zu bewegen. Der Körper des Kindes drückt spontan das aus, was es gerade empfindet. Diese Bewegungen geben dem Kind das Gefühl, in seinem Körper zu Hause zu sein. Der Tanz wirkt beruhigend und zugleich anregend. Er ermöglicht eine Heilung der Gefühle.

Was können wir daraus schließen? Werden in diesen Kindern Erinnerungen an Rituale wach, die sie in früheren Leben kennengelernt haben? Können sie durch den Tanz Zugang zu einem Zustand vollkommener Entspannung finden?

Als Erwachsene müssen wir es meist erst wieder lernen, die rationale Kontrolle bei der Tanzmeditation oder beim Trancetanz auszuschalten. Deshalb lasse ich in meinen Seminaren die Teilnehmer beim Tanzen die Augen schließen, um sich weder vom Nachbarn noch von sich selbst durch bewußt durchgeführte, der Selbstdarstellung dienende Bewegungsabläufe ablenken zu lassen.

Die meisten beginnen zunächst mit ganz einfachen Bewegungen. Allmählich entwickelt sich jedoch eine Eigendynamik, und es erfolgt ein sanfter, beinahe unmerklicher Übergang vom „normalen“ Bewußtsein in den Trancezustand. Plötzlich tanzt *es* dich. Du hast die *Es*-Ebene, die deiner Göttlichkeit entspricht, erreicht und schaust dir nunmehr selbst zu. Du bist der Beobachter und zugleich derjenige, der die Erfahrung macht. Solange du dabei keinen Bewußtseins- oder Identitätsverlust erleidest, kann dieses Erlebnis durchaus übersinnlich und therapeutisch wertvoll sein.

Der gleiche Strom des Lebens,
der Tag und Nacht durch meine Adern strömt
und mich bewegt,
durchströmt die Welt und
tanzt in großen Rhythmen weiter …

Rabindranath Tagore

Unsere Chakras

Der Begriff „*Chakra*" ist heute bereits vielen geläufig. In meinen Seminaren zeigt sich aber immer wieder, daß nur wenige wissen, was er wirklich bedeutet. Zahlreiche gute Bücher behandeln dieses Thema.* Um die nachfolgenden Chakra-Meditationen effektiv durchführen zu können, sind einige Grundkenntnisse erforderlich.

Chakra kommt aus dem Sanskrit und heißt „Rad". Da sich ein Rad drehen muß, um seinen Zweck zu erfüllen, ist auch bei den Chakras von *sich drehenden Rädern* die Rede. Aus verschiedenen Gründen sind wir jedoch in einzelnen Bereichen blockiert. Dies verhindert, daß sich die Chakras wie vorgesehen drehen. Es kommt somit zu einer energetischen Unterversorgung der dem blockierten Chakra zugeordneten Organe. Es sind die Chakras, die unseren Körper mit Prana, der für unsere Gesundheit notwendigen Lebensenergie, versorgen.

Es gibt sieben Hauptchakras und eine Reihe von Nebenchakras. Fünf der sieben Hauptchakras befinden sich in der Wirbelsäule. Sie öffnen sich *in der Regel* nach vorne und in geringem Maße auch nach hinten. Nur das Wurzel-Chakra ist zusätzlich noch nach unten und das Scheitel-Chakra nach oben geöffnet (siehe Skizze Seite 120).

Während der Meditation richten sich allmählich alle Chakras vertikal aus – so, wie es auch bei Kindern der Fall ist. Beim Säugling und Kleinkind ist das Energiesystem ebenso wie bei allen sonstigen Lebensformen in der Natur noch vertikal.

Durch die Vertikalität können wir uns in tiefer Meditation mit der gesamten Schöpfung und mit unserer göttlichen Quelle verbinden.**

---

* Buchempfehlung: B. J. von Baginski u. Sharam, *Das Chakra-Handbuch,* Windpferd Verlag.

** Wie diese Vertikalität der Chakren aufrechterhalten werden kann, ist in meinem Buch *Wege des Heilens,* Hans-Nietsch-Verlag, beschrieben.

Das Wurzel-Chakra, auch Muladhara-Zentrum genannt, befindet sich im Bereich des Steißbeins. Es öffnet sich nach unten zwischen Steißbein und Geschlechtsteil.

Das zweite Chakra ist das Sexual- oder Sakral-Chakra *(Sakral- = heiliges Chakra)*, das auch Svadisthana-Zentrum genannt wird. Es hat seinen Platz zwischen dem fünften Lenden- und dem ersten Kreuzbeinwirbel. Das zweite Chakra öffnet sich etwa eine Handbreit unterhalb des Nabels nach vorn.

Das dritte Chakra, das Nabel- oder Solarplexus-Chakra, wird auch als Manipura-Zentrum bezeichnet. Es liegt zwischen dem zwölften Brust- und dem ersten Lendenwirbel und öffnet sich nach vorn – etwa eine knappe Handbreit oberhalb des Nabels.

Das vierte Chakra ist das Herz-Chakra, auch Anahata-Zentrum genannt. Es liegt zwischen dem vierten und fünften Brustwirbel und öffnet sich nach vorn.

Das fünfte ist das Hals-Chakra, das Vishuddha-Zentrum. Es liegt zwischen dem siebten Halswirbel und dem ersten Brustwirbel und öffnet sich unmittelbar unter dem Kehlkopf nach vorn.

Das sechste Chakra ist das sogenannte Ajna-Zentrum, dessen Öffnung das dritte Auge ist. Es befindet sich im Bereich der Hypophyse, die in der Mitte des Kopfes etwa in Höhe des oberen Randes der Ohrmuscheln liegt. Die Öffnung des sechsten Chakras liegt zentral etwas oberhalb der Augenbrauen.

Das siebte Chakra, das Scheitel- oder Kronen-Chakra, wird auch als Sahasrara-Zentrum bezeichnet. Es befindet sich im Bereich der Epiphyse, die auch Zirbel- oder Pinealdrüse genannt wird und dicht hinter der Hypophyse liegt. Das siebte Chakra öffnet sich nach oben. Bei Frauen ist dies die höchste Stelle des Kopfes. Bei Männern liegt die Öffnung etwas nach hinten versetzt.

Die wichtigsten *Nebenchakras* sind das *Milzchakra* (links neben dem Solarplexus), die *Beckenchakras* im Leistenbereich (links und rechts), die *Hand-Chakras* in der Mitte der Handflächen, über die wir Energien empfangen und weiterleiten, sowie die *Fuß-Chakras* in der Mitte der Fußsohlen, über die wir Energien aus der Erde aufnehmen und in den gesamten Körper leiten können. Außerdem gibt es Nebenchakras in jedem Gelenk unseres Körpers (Schulter, Ellenbogen, Hüft- und Kniegelenke etc.).

Jedem unserer Hauptchakras sind bestimmte Farben, Symbole, Töne und Mantras zugeordnet, die aus einer altarabischen Sprache kommen. Des weiteren stehen die Chakras in Verbindung zu Drüsen und Organen, Planeten und Metallen sowie zu Edelsteinen, Aromen und den fünf Elementen. Alles ist Schwingung und beeinflußt und ergänzt sich.

Wenn eines unserer Chakras aus dem Gleichgewicht gerät und seine harmonische Schwingung verliert, können wir es z.B. durch Visualisierung der entsprechenden Farben und Symbole oder durch das Rezitieren der passenden Mantras wieder in die Ordnung zurückführen. Denn Töne, lichtvolle Farben und Mantras sind kraftvolle Überträger von Schwingungen.

Wirkungsvolle Töne kannst du durch Klangschalen und Klangröhren oder auch durch Singen erzeugen. Beim Singen wirken die Schwingungen direkt über deinen Resonanzkörper auf deinen Zellbereich. Du brauchst dazu nicht einmal einen besonderen Raum, denn dein Körper ist der Tempel Gottes.

Die Schwingungen der Farben kannst du durch Licht, Edelsteine und Kristalle übertragen. Mantras wirken gezielter, wenn du sie in der passenden Tonlage rezitierst.

Unsere Chakras sind untereinander durch sogenannte „Nadis“ verbunden. „Nadi“ kommt ebenfalls aus dem Sanskrit und bedeutet Kanal oder Fluß, aber auch Schall und Ton. Daraus ergibt sich, daß wir den Energiefluß durch Töne beeinflussen können. Durch den Haupt-Nadi, der auch als

„Brahma-Nadi“ bzw. „göttlicher Fluß“ bezeichnet wird, fließt unsere Lebensenergie durch die Wirbelsäule vom Wurzel-Chakra zum Scheitel-Chakra und eventuell sogar noch darüber hinaus.

Außerdem gibt es noch die sogenannten Überchakras. Dazu gehört das achte Chakra, das Sonnen-Chakra, welches etwa zwanzig bis dreißig Zentimeter oberhalb des Kopfes liegt und der *prophetischen Ebene* entspricht (es entspricht dem Heiligenschein auf Gemälden von Heiligen). Das neunte Chakra liegt etwa fünfzig Zentimeter über dem achten Chakra und wird der *Seins-Ebene* zugeordnet.

Wenn wir den Eindruck haben, daß eines oder mehrere unserer Chakras nicht in Balance sind, können wir sie durch die nachfolgend beschriebenen Meditationen in den Zustand von Harmonie zurückführen. Eine Unterfunktion der Chakras hat auf unseren Körper die gleiche Wirkung wie leere Batterien auf ein Radio oder Tonbandgerät. Wenn du deinen Garten pflegst, wirst du mehr Früchte ernten können. In gleicher Weise wirst du mit einem gesünderen Körper belohnt, wenn du deine Chakras pflegst.

Zuordnungen zu den Chakras:

Chakra:	**Farbe:**	**Symbol:**	**Mantra:**	**Ton:**
1. Muladhara	rot	Quadrat	Lam	C
2. Svadisthana	orange	Halbmond	Vam	D
3. Manipura	gelb	Dreieck	Ram	E
4. Anahata	grün/(rosa)	Davidstern	Yam	F
5. Vishuddha	blau	Kreis	Ham	G
6. Ajna	indigoblau	Pyramide	Ksham	A
7. Sahasrara	violett	Lotus	Aum	H

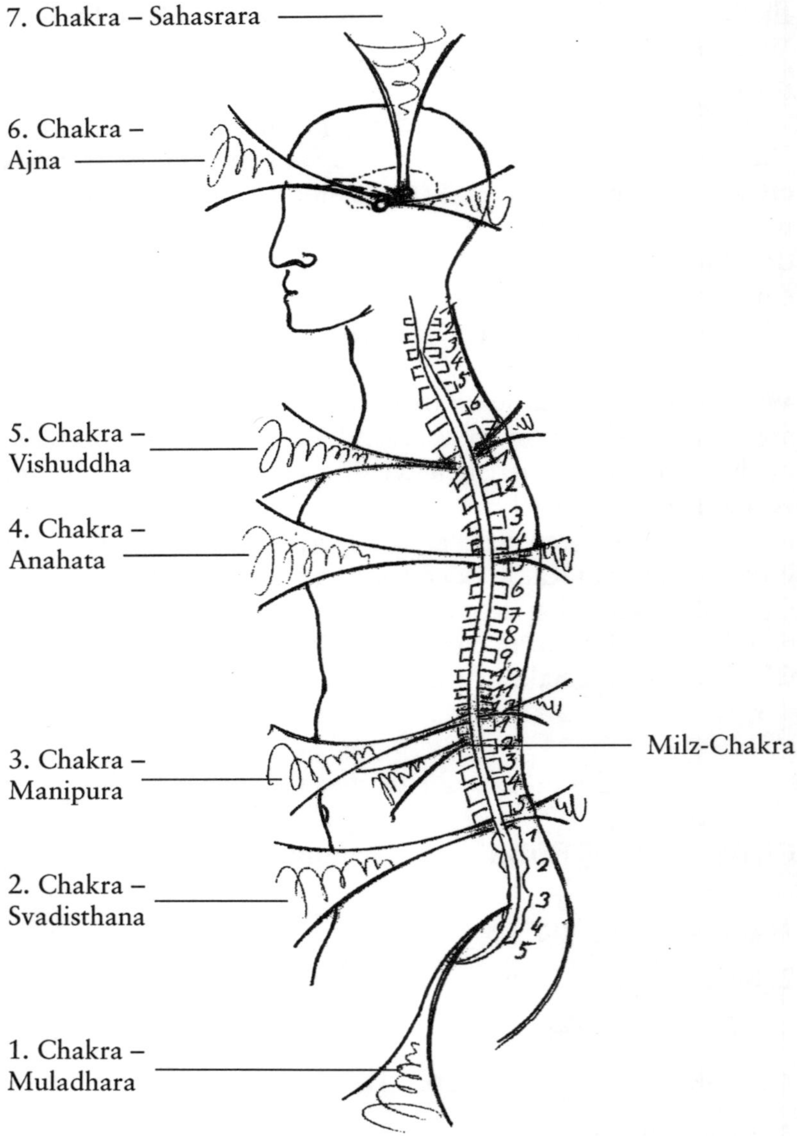

Horizontales Chakrasystem

Chakra-Meditation I – mit Farbe, visualisiertem Symbol und Mantra

Setze oder lege dich bequem hin und sorge dafür, daß du nicht gestört wirst.

Entspanne dich mit Hilfe deines Atems. Mache tiefe Atemzüge. Stell dir beim Ausatmen vor, wie du alles, was dich blockiert oder einschränkt, einfach ausatmest. Du mußt dabei nicht immer genau wissen, was das gerade sein könnte. Wichtig ist deine Bereitschaft, all dies loszulassen.

Vielleicht weißt du schon, welches deiner Chakras deine besondere Unterstützung benötigt. Trotzdem gehst du alle Chakras durch, da du keines davon überversorgen kannst. Die Chakras werden dir dankbar sein, wenn du ihnen deine Aufmerksamkeit schenkst.

Du beginnst beim Scheitel-Chakra und widmest dich nacheinander für jeweils etwa drei bis fünf Minuten allen sieben Haupt-Chakras bis zum Wurzel-Chakra. Danach richtest du deine Aufmerksamkeit auf jenes Chakra, von dem du glaubst, daß es besonderer Unterstützung bedarf.

Die Übung:

Lege die Fingerspitzen deiner rechten Hand in den Bereich deines *siebten Chakras* und visualisiere dir dort eine tausendblättrige *violette Lotusblüte*, die mit dem *Mantra* „AUM“ oder „OM“, der Farbe Weißgold und mit dem Ton „H“ unterstützt wird.

Bleibe so lange bei dem Chakra, bis es sich harmonisch anfühlt.

Als nächstes führst du die *Fingerspitzen deiner rechten Hand* zum *sechsten Chakra*. Dieses Chakra kannst du durch die Vorstellung einer *indigoblauen Pyramide*, das *Mantra* „KSHAM“ (kscham) und den Ton „A“ unterstützen.

Abermals verweilst du bei diesem Chakra, bis du einen harmonischen Eindruck gewinnst. In gleicher Weise widmest du dich anschließend den Chakras fünf bis eins:

Beim *fünften Chakra* konzentrierst du dich auf einen *blauen Kreis,* das *Mantra* „HAM“ und den Ton „G“.

Beim *vierten Chakra* visualisierst du einen *grünen oder rosafarbenen Davidstern* (✡) und wählst dir dazu die Farbe, die für dich am angenehmsten ist. Dabei wiederholst du das *Mantra* „YAM“, das „dscham“ ausgesprochen wird. Der Ton für dieses Chakra ist „F“.

Beim *dritten Chakra* visualisierst du ein *gelbes Dreieck* und verwendest das *Mantra* „RAM“ sowie den Ton „E“.

Daraufhin führst du die Fingerspitzen deiner rechten Hand zu deinem *zweiten Chakra.* Hierbei visualisierst du einen *orangefarbenen Halbmond* mit der Öffnung zum Nabel hin und rezitierst mit dem Ton „D“ das *Mantra* „VAM“.

Zur Unterstützung des *Wurzel-Chakras* kannst du dich auch auf die Seite legen, wenn es dir bequem ist. Führe erneut deine Fingerspitzen in den Bereich des Chakras und visualisiere dort ein *Quadrat in kräftiger, rubinroter Farbe.* Dazu rezitierst du das *Mantra* „LAM“ in möglichst tiefer Tonlage. Wenn du dich mit Tönen auskennst, stimme das „C“ an.

Wahrscheinlich wird es dir nicht leichtfallen, die Töne perfekt zu treffen. In diesem Fall verwendest du für jedes Mantra jeweils den Ton, der dir als passend erscheint. Beginne stets beim Scheitel-Chakra und gehe von oben nach unten vor. Dadurch kann die Energie des darunterliegenden Chakras besser nach oben fließen.

Jeder Mensch hat seinen eigenen Grundton, der sich mit der persönlichen Entwicklung verändert. Unabhängig davon, welchen Ton du bei den einzelnen Chakras verwendest, wird sich die Schwingung des Mantras in jedem Fall günstig auf dein Chakra auswirken.

Auch wenn du das Gefühl hast, daß sich deine Chakras in einem Zustand von Harmonie befinden, kannst du sie trotzdem mit diesen Übungen unterstützen, um ihre Schwingung allmählich zu erhöhen. Dies wird sich auf deine gesamte Entwicklung günstig auswirken.

Dein Organismus wird sich allmählich den göttlichen Energieschwingungen anpassen, wodurch du immer besser in der Lage bist, ein Kanal für höhere Schwingungen zu sein, ohne dadurch deinem Nervensystem zu schaden.

Chakra-Meditation II – mit dem Symbol der Rose

Bei dieser Übung hast du die Möglichkeit, intuitiv den energetischen Zustand deiner Chakras zu erkennen und zu verändern. Wir verwenden dazu das Bild einer Rose. Ideal wäre, wenn du dir eine Lotusblüte vorstellen könntest. Wenn dir dies nicht gelingt, visualisiere eine Rose.

Sorge wiederum dafür, daß du während der Übung nicht gestört wirst.

Wenn du bequem sitzt, schließe deine Augen und laß mit dem Ausatmen alles los, was dich behindert oder einschränkt.

Richte deine Aufmerksamkeit auf dein siebtes Chakra. Im Bereich deiner Zirbeldrüse, also etwa in der Mitte des Kopfes, läßt du in deiner Visualisation einen goldenen Schwamm entstehen, aus dem eine tausendblättrige violette Rose wächst.

Nimm dir Zeit, um den energetischen Zustand zu fühlen und visualisiere dann eine Rose, die den momentanen Zustand des Chakras darstellt. Es kann sein, daß dir eine Rose erscheint, die voll erblüht ist. Das wäre ein Zeichen, daß sich dein Scheitel-Chakra in einem optimalen Zustand befindet. Es kann aber ebensogut sein, daß du in deiner Visualisation eine geschlossene Knospe mit hängendem Kopf und von blasser Farbe siehst. Dies wäre dann ein Hinweis, daß sich dein Scheitel-Chakra in einem energetisch schlechten Zustand befindet und besondere Unterstützung benötigt.

Um dieses Chakra mit mehr Energie zu versorgen, gehst du folgendermaßen vor: Visualisiere im Bereich deines Chakras den erwähnten Schwamm. Du weißt, wie ein ausgetrockneter und wie ein vollgesogener Schwamm aussehen. Laß nun in diesen Schwamm so viel goldenes Licht fließen, bis sich der Schwamm vollgesogen hat. Aus diesem Schwamm heraus wächst deine Rose, die nunmehr durch den Schwamm optimal genährt wird. Beobachte, wie sich die hängende Knospe der Rose langsam aufrichtet, sich öffnet und eine immer kräftigere Farbe annimmt. Verweile mit deiner ganzen Aufmerksamkeit so lange bei der Rose, bis sie sich für dich harmonisch anfühlt.

Löse dich von diesem Chakra erst dann, wenn du ihm versichert hast, daß du es auch weiterhin beachten und unterstützen wirst. Bitte dein Chakra, dich mit ausreichender Lebensenergie, mit Prana, zu versorgen. Wenn du dich um dein Chakra kümmerst, wird es dir seinen treuen Dienst leisten.

Beim sechsten Chakra befindet sich der Schwamm im Bereich der Hypophyse, die in der Mitte des Kopfes ein klein wenig nach vorne versetzt liegt (siehe Skizze). Laß die indigoblaue Rose zwischen und etwa einen Zentimeter über den Augenbrauen austreten und sich öffnen.

Betrachte die spontan erscheinende Rose. Wenn sie Unterstützung benötigt, läßt du wiederum den Schwamm sich mit so viel goldenem Licht vollsaugen, bis sich die Rose optimal entfalten kann.

In gleicher Weise gehst du dann alle anderen Chakras durch. Beim zweiten bis fünften Chakra visualisierst du den

Schwamm jeweils im Bereich der Wirbelsäule und die Rose auf der Körpervorderseite. Achte darauf, daß deine Rose jeweils die auf Seite 119 erwähnten Chakra-Farben annimmt.

Diese Übung solltest du nicht öfter als einmal pro Woche durchführen.

Für bereits „vertikal" ausgerichtete Personen gibt es andere Übungen, die in den Kursen von „Quality-of-One™" gelehrt werden (siehe Seminarhinweise Seite 171).

Reinigung der Nadis

Die Chakras sind untereinander durch die Chakra-Kanäle, die Nadis, verbunden. Mit einer einfachen und dennoch sehr effektiven Atemübung können wir diese Nadis reinigen und durchgängiger machen.

Stelle dich dazu gerade und aufrecht hin. Die Arme hängen locker herab, und die Knie sind nicht ganz durchgedrückt.

Beginne damit, beim ersten Chakra einzuatmen und beim zweiten auszuatmen. Wiederhole dies dreimal. Dann atmest du beim zweiten Chakra ein und beim ersten aus, ebenfalls dreimal.

Gehe weiter, indem du wieder beim ersten Chakra dreimal ein- und diesmal beim dritten Chakra ausatmest. Anschließend atmest du beim dritten Chakra dreimal ein und beim ersten aus.

So verfährst du von Chakra zu Chakra, wobei du immer zuletzt beim ersten Chakra ausatmest. Nachdem du die Energie hochgezogen hast, wirkt dies etwa so, als würdest du einen Stein ins Wasser werfen, der dann eine Vielzahl von kreisförmigen Wellen entstehen läßt. Du spürst diese Wellen vom ersten Chakra her durch deinen Körper fließen. Du nimmst wahr, wie dein Körper dadurch energetisiert wird. Diese Übung ist insbesondere für diejenigen empfehlenswert, die sich mit den Techniken des Kriya-Tantra-Yoga befassen und die Kobra-Atmung praktizieren.

Auch diese Übung sollte nur einmal pro Woche und nur exakt nach Anleitung durchgeführt werden, da sie, wie du sicher spüren wirst, sehr intensiv wirkt.

Einer alten chinesischen Lehrmeinung zufolge unterliegt jedes Chakra einer individuellen Yin-Yang-Ordnung. Der Yang-Aspekt steht dabei für die Aufnahme, der Yin-Aspekt für die Abgabe von Energie. Eine Yin-Yang-Disharmonie in den einzelnen Chakras soll folgendes ausdrücken:

1. Chakra	*zu sehr Yin:*	ungeerdet
	zu sehr Yang:	festhaltend
2. Chakra	*zu sehr Yin:*	impotent – frigide
	zu sehr Yang:	betont sexuell
3. Chakra	*zu sehr Yin:*	kraftlos
	zu sehr Yang:	gierig, aggressiv
4. Chakra	*zu sehr Yin:*	unsensibel
	zu sehr Yang:	übersensibel
5. Chakra	*zu sehr Yin:*	Probleme, sich auszudrücken
	zu sehr Yang:	dominant in der Kommunikation
6. Chakra	*zu sehr Yin:*	erschwerte Konzentration und Vorstellungskraft
	zu sehr Yang:	überbetonter Intellekt
7. Chakra	bei Disharmonie = kein Zugang zum kosmischen Bewußtsein	

Teil 3

Meditationsübungen

Blumenmeditation

Eine ausgezeichnete Möglichkeit, deine Aufmerksamkeit und Konzentrationsfähigkeit zu steigern, bietet die von dem zypriotischen Mystiker und Heiler Daskalos seinen Schülern empfohlene „Blumenmeditation“.

Diese Übung wurde schon vor vielen Jahren von Wissenschaftlern durchgeführt (siehe Peter Tompkins/Christopher Bird, *Das geheime Leben der Pflanzen,* Fischer Taschenbuch). Diese Wissenschaftler versetzten sich im entspannten Zustand in die vor ihnen stehende Pflanze. Dadurch waren sie in der Lage, die gesamte Zellgewebestruktur mit einer Genauigkeit zu beschreiben, wie es mit technischen Mitteln erst sehr viel später möglich wurde. Dies verdeutlicht, zu welchen Leistungen der menschliche Geist in einem entspannten Zustand fähig ist.

Bei der „Blumenmeditation“ gehst du ähnlich vor. Zunächst entspannst du dich. Dann öffnest du deine Augen, um eine vor dir stehende Blume zu betrachten. Nimm dir dafür mindestens fünf Minuten Zeit. Danach schließt du wieder die Augen und stellst dir diese Blume mit deinem geistigen Auge genauso vor, wie du sie zuvor mit deinen physischen Augen gesehen hast.

Anschließend machst du dir den Unterschied zwischen deiner momentanen Schwingung und der Schwingung der Blume bewußt. Wenn du ihn erkennst, paßt du dich mit deiner Schwingung der Blume an, die höher oder tiefer sein kann. Dies ermöglicht dir, mit deinem Bewußtsein in das Innere der Blume einzutreten.

Am besten beginnst du im Bereich des Stieles, um dich dann allmählich immer mehr der Blüte zuzuwenden. Du kannst dich innerhalb der Staubgefäße und der einzelnen Blütenblätter bewegen, wie du willst. Du kannst sogar zur Blüte selbst werden – du wirst zu ihrem Duft und zu ihrem

Ausdruck und Empfinden. Nimm dir Zeit für diesen Prozeß – er kann eine tiefe Erfahrung für dich sein.

Zum Abschluß der Übung bedanke dich bei der Blume, daß sie dir die Möglichkeit gegeben hat, sie auf diese Weise kennenzulernen. Verabschiede dich von ihr und trete mit deinem Bewußtsein aus ihr heraus, um dich wieder in deine eigene Schwingung zu begeben. Spüre den Unterschied zwischen der Schwingung der Blume und deiner Schwingung, und kehre langsam in dein Wachbewußtsein zurück.

Diese Übung kannst du nicht nur mit Blumen durchführen. Du wirst allmählich lernen, dich mit allem zu verbinden – auch mit Menschen, die dich um Unterstützung für ihren Selbstheilungsprozeß bitten.

Eine Heilmeditation

Der tibetische Meditationsmeister Lama Sogyal Rinpoche, den ich während eines Kongresses in Garmisch kennenlernen durfte, hat mich zu dieser Form der Heilmeditation inspiriert. Lediglich die Formulierungen habe ich dem westlichen Gedankengut angepaßt, so daß ich statt dem Namen Buddhas die Christusenergie verwende (in Wirklichkeit beschreiben beide dasselbe). Anstelle des „Nektarflusses" spreche ich von der sichtbaren, reinigenden Energieform als goldenem Licht.

Du kannst diese Heilmeditation im Lotussitz, auf einem Stuhl oder auch im Liegen durchführen. Im Liegen kann es jedoch passieren, daß du dabei einschläfst. Daher würde ich das Sitzen vorziehen.

Verbinde dich mit der Erde. Visualisiere dabei ein goldenes Band, das deine Wirbelsäule verlängert und bis zum Mittelpunkt der Erde reicht.

Richte deine Aufmerksamkeit auf deinen Atem und beobachte, wie er beim Ein- und Ausatmen durch deine Nase strömt.

Entspanne dich und bringe Körper und Geist zur Ruhe.

Visualisiere, wie du auf einer Wiese stehst. Nimm wahr, wie hoch das Gras auf dieser Wiese ist, und spüre es unter deinen Füßen.

Auf diese Weise führst du deine Aufmerksamkeit allmählich weg von deinem „normalen“ Körperbewußtsein. Laß in der Mitte dieser Wiese ein Haus entstehen. Dies ist *dein* Entspannungshaus, in dem auch *dein* Entspannungsraum sein wird. Dieses Haus kann ein kleines Holzhaus oder ein prächtiger Tempel sein, je nachdem, wie du es in diesem Moment für richtig hältst. Gehe auf dein Haus zu und schaue es dir in allen Einzelheiten an. Betrachte auch die Eingangstür, die du nun öffnest, um das Haus zu betreten. Mit dieser Aufmerksamkeit schulst du deine Fähigkeit zu visualisieren, was für die Heilmeditation sehr wichtig ist.

Wenn du dich im Haus befindest, begibst du dich in deinen Entspannungsraum. Er ist deine Schöpfung und ganz nach deinem Geschmack eingerichtet. Schau dich um, wo du eine bequeme Liegemöglichkeit findest, um dich dort hinzulegen und mit einer leichten Decke zuzudecken. Nimm die Atmosphäre in diesem Raum wahr. Du spürst Ruhe, Harmonie und Geborgenheit. Genieße es und lasse dich noch tiefer in die Unterlage sinken. Erlaube deinem Körper, sich zu entspannen.

Nun zur eigentlichen Heilmeditation:

Zu Beginn stellst du dir oberhalb deines Scheitel-Chakras, dem Energiezentrum an der höchsten Stelle deines Kopfes, ein weißes, liegendes, gleichschenkliges Lichtkreuz vor, das dich bei der weiteren Übung unterstützt und schützt. Dann stelle dir vor, wie du dein Scheitel-Chakra öffnest, um goldenes Licht einfließen zu lassen. Dieser Lichtstrahl hat einen Durchmesser von etwa zehn Zentimetern. Das Licht hat eine Intensität, die von dir als angenehm empfunden wird. Dieses goldene Licht wird von reiner Christusenergie unterstützt und fließt zunächst nur in deinen Kopfbereich.

Deine Augen werden von dieser Heilenergie durchströmt. Spüre, wie sie sich in zunehmendem Maße entspannen. Das Licht fließt dann weiter durch alle Bereiche deines Kopfes – durch den Kieferhöhlen- und Stirnhöhlenbereich sowie in die linke und rechte Gehirnhälfte. Nimm wahr, ob die Gehirnhälften gleichmäßig durchströmt werden. Es kann sein, daß eine Seite intensiver vom Licht erfüllt erscheint als die andere. Wenn dies der Fall ist, dann gib mit deiner Vorstellungskraft dem Licht die erforderliche Intensität, um auch die andere Gehirnhälfte in gleichem Maße zu durchströmen. Mache dir dabei bewußt, daß jede Zelle von dieser Heilenergie erfaßt und gereinigt wird.

Laß dann das goldene Licht in deinen Hinterkopf eindringen und vom ersten Halswirbel bis zum Steißbein durch deine gesamte Wirbelsäule fließen. Spüre, wie die Heilenergie bis ins Innerste deiner Wirbelkörper strömt.

Du benötigst für diese Übung keine genauen anatomischen Kenntnisse. Es genügt, wenn du eine symbolische Vorstellung des Geschehens hast. Es kann passieren, daß der Energiefluß in bestimmten Bereichen stockt. Dies sind meist die Abschnitte, in denen du Blockaden hast und eventuell auch Schmerzen empfindest.

Als geistiger Alchimist kannst du nunmehr das goldene Licht so zum Fließen bringen, daß all diese Blockaden durch die Energie des Lichtes aufgelöst werden. So wie sich Zucker im Kaffee auflöst, lösen sich alle blockierenden Energien in diesem Licht auf. Wenn es am Steißbein angelangt ist, lasse das goldene Licht über die Wirbelsäule nach beiden Seiten in Nacken, Schulter und Rücken fließen, bis es das Gesäß erreicht. Dabei wird die gesamte Muskulatur in diesem Bereich durchströmt und gereinigt. Dein Rücken wird weich und entspannt.

Danach läßt du das goldene Licht über beide Schultern in die Oberarme fließen. Jede Zelle deiner Muskeln, Gefäße und Knochen wird erfaßt und gereinigt. Das Licht fließt durch deine Ellenbogen in deine Unterarme und Hände, bis in die Fingerspitzen. Deine lichtdurchströmten Arme und Hände werden entspannt und geschmeidig.

Anschließend richtest du deine Aufmerksamkeit auf deine Schilddrüse, die ebenfalls vom goldenen Licht durchströmt und gereinigt wird. Das goldene Licht fließt weiter in den Brustraum und in deine Lungen und Bronchien. Spüre, wie du mit deinen tiefen Atemzügen der Heilenergie ermöglichst, alle Abschnitte deiner Lungen zu reinigen.

Nimm wahr, wie auch dein Herz vom goldenen Licht durchströmt wird. Jedes Gefäß wird weit und durchlässig. Richte deine Aufmerksamkeit auf dein Herz und lächle ihm liebevoll zu. Zeige jedem deiner Organe deine Dankbarkeit für seine treuen Dienste. Spüre die Geborgenheit und die Liebe in der heilenden Christusenergie, die dieses Licht begleitet.

Fülle deinen gesamten Brustbereich mit dem goldenen Licht aus. Spüre, wie es allmählich auch deine Nieren erfaßt. Jede Zelle deiner Nieren wird von goldenem Licht durchströmt und gereinigt.

Als nächstes durchströmt und reinigt die Heilenergie des Lichtes Leber, Magen, Bauchspeicheldrüse, Milz und Darm. Anschließend füllt sich dein Beckenbereich mit dieser Heilenergie und erfaßt mit ihrer Liebe auch deine Geschlechtsorgane. Je mehr sich dein Beckenbereich mit goldenem Licht füllt, desto weicher und entspannter wird deine Bauchdecke.

Danach läßt du das goldene Licht über den Hüftbereich in beide Oberschenkel fließen. Jede Zelle deiner Muskeln, Gefäße und Knochen wird intensiv durchströmt. Das Licht fließt weiter durch die Kniegelenke in die Unterschenkel und Füße, bis in die Zehenspitzen. Deine Beine und Füße werden weich und entspannt.

Das Licht, das auf seiner Reise durch deinen Körper all die blockierenden und nicht mehr benötigten Energien aufgelöst hat, fließt nunmehr durch deine Fußsohlen hindurch, um sich mit der Erde zu verbinden.

Das goldene Licht durchströmt und reinigt dich, und du bist hellwach und doch tief entspannt.

Dieses angenehme Gefühl der Entspannung, das du in deinem Entspannungsraum genießt, kannst du in deinem Zellgedächtnis verankern, so daß es jederzeit wieder abrufbar ist. Dieses „Verankern“ vollziehst du, indem du dich für einen kurzen Moment mit der rechten Hand leicht im Herzbereich berührst. Stell dir dabei vor, wie du dich vollkommen entspannt in deinem Entspannungsraum befindest.

Von nun an kannst du immer, wenn du das Bedürfnis verspürst, dich zu entspannen, in deiner Vorstellung in deinen Entspannungsraum zurückkehren und dich mit der rechten Hand im Herzbereich berühren. Diese Verbindung zwischen Entspannungsraum und Berührung weckt in deinem Zellbewußtsein die Erinnerung an die schon einmal gemachte Erfahrung, dabei tief entspannt zu sein.

Um eine Entspannungsübung zu beenden, solltest du dir ein festes „Ritual“ angewöhnen. Es hilft, umgehend wieder ins Hier und Jetzt zurückzukehren.

Hierzu eignet sich z. B. die Zählmethode. Dabei zählst du von eins bis drei und gibst dir das Signal, bei drei wieder hellwach und aufmerksam die Augen zu öffnen.

Heilung im ätherischen Bereich

Für diese Übung bereitest du dich genauso vor wie für die zuvor beschriebene Heilmeditation. Du läßt wiederum das goldene Licht durch deinen Körper strömen.

Wenn das Licht auf ein Organ trifft, fügst du diesmal noch etwas hinzu. Wenn das goldene Licht z. B. dein Herz durchströmt, führst du deine Hände in die Höhe des Herzens, um das außerhalb deines Körpers gelegene feinstoffliche, ätherische Herz in deine Hände zu nehmen. Dies machst du mit deinen physischen Händen, nicht nur in deiner Vorstellung. Spüre dabei, wie sich dein feinstoffliches Herz anfühlt. Du kannst es in deinen Händen drehen und wenden und von allen Seiten betrachten. Auch sein Inneres kannst du untersuchen. Es kann sein, daß du dabei eine Stelle findest, die dir unsauber oder disharmonisch vorkommt. Mit deinen physischen Händen kannst du dein ätherisches Herz nunmehr reinigen. Entferne die „Verschmutzungen" behutsam mit deinen Fingern, bis du den Eindruck hast, daß sich dein ätherisches Organ wieder in einem Zustand vollkommener Harmonie befindet.

Halte es nach der Reinigung noch eine Weile zwischen deinen Handflächen und stelle dir vor, wie du durch deine Hände Heilenergie auf dein ätherisches Organ überträgst. Laß all deine Liebe in das Organ fließen.

Wenn du in *Reiki* eingeweiht bist, kannst du mit den Symbolen und den zugehörigen Mantras *Reiki-Energie* auf dein Organ übertragen.

Erst wenn du spürst, daß es genug Liebe und Heilenergie aufgenommen hat, führst du dein feinstoffliches Organ in deinen grobstofflichen Körper zurück, indem du deine Hände auf die entsprechende Stelle auflegst. Atme tief durch, damit dein physisches Organ die Struktur des geheilten feinstofflichen Organs übernehmen kann.

Auf diese Weise behandelst du alle Organe deines Körpers. Du wirst feststellen, daß sich jedes feinstoffliche Organ zwischen deinen Händen anders anfühlt.

Bring all deine Liebe und Hingabe in diese Heilarbeit ein. Wenn du bei einem Organ den Eindruck hast, es nicht vollkommen reinigen zu können, sei dir bewußt, daß dies nur dein Glaube ist. Du kannst mit deiner Vorstellungskraft alles kreieren, was für den Heilungsprozeß notwendig ist. Wir denken in Bildern und Gefühlen und erzeugen dabei die Energien, die für einen Heilungsprozeß nötig sind. Diese Energien gehen der physischen Heilung stets voraus.

Als Abschluß dieser Heilmeditation zähle von eins bis drei und nimm dir vor, bei drei hellwach und aufmerksam die Augen zu öffnen.

Du bist „alles in einem"

Bei dieser Übung wirst du eine Phantasiereise unternehmen, auf der du erlebst, daß du das *„Eine in allem"* wie auch *„alles in einem"* bist.

Bereite dich auf die Meditation vor. Setze dich mit aufgerichteter Wirbelsäule bequem hin, um zunächst mit dem Atem alles auszuatmen und loszulassen, was dich bei deiner Entspannung behindern könnte.

Um von deinen Alltagsgedanken wegzukommen, wählst du dir eine der beschriebenen Konzentrationsübungen (siehe Kapitel „Mit Achtsamkeit in die Meditation").

In der Phase der Kontemplation fügst du der Entspannung die Kreativität hinzu.

Stelle dir vor, wie du am Fuße eines mächtigen Berges stehst. Etwas unterhalb des Gipfels siehst du einen dichten Ring von Wolken, der die Bergspitze verhüllt. Du machst dich auf den Weg, diesen Berg zu besteigen. Es kann ein leichter, vielleicht aber auch ein schwieriger Aufstieg sein. Jeder geht einen Weg, der ihm entspricht. Nimm es so, wie es ist.

Der Aufstieg verdeutlicht dir, wie leicht oder schwer du es dir im Leben machst. Wenn du willst, kannst du jederzeit eine Veränderung herbeiführen. Sei dein eigener Meister und Schöpfer – zumindest, wenn es um die Bilder in deiner Vorstellung geht. Allmählich näherst du dich dem Wolkenring unterhalb des Gipfels.

Die Wolken symbolisieren deine bewußten und unbewußten Gedanken. Entsprechend der Qualität deiner Gedanken können es dunkle und dichte oder helle und lichte Wolken sein. Auf deinem Weg zum Gipfel mußt du den Wolkenring durchqueren. Womöglich werden dir dabei einige deiner Gedanken bewußt. Betrachte sie kurz, erkenne und akzeptiere sie. Halte jedoch nicht an ihnen fest, sondern bleibe auf das Erreichen des Berggipfels fixiert.

Je weiter du in den Wolkenring eindringst, um so lichter wird er. Immer deutlicher siehst du die Bergspitze, die du kurz darauf erreichst. Schau dir vom Gipfel aus an, wie sich die Wolken allmählich auflösen und deine Gedankenwelt immer ruhiger wird. Dein Blick wird frei, um den Horizont zu sehen. Jeder, der diese Phantasiereise macht, wird einen Horizont sehen, der ihm entspricht. Schau dich um, genieße die Weite um dich herum und spüre den Fels, auf dem du stehst.

Betrachte nunmehr den Berg vom Gipfel aus und werde *eins* mit ihm. Du bist dieser Berg. Spüre, wie tief und fest du als dieser Berg bis weit in die Erde reichst. Unerschütterlich und mit kraftvoller Energie stehst du auf der Erde. Genieße diese Stabilität, die zu dir gehört.

Jetzt visualisiere zu diesem Berg, der du bist, ein hochgelegenes Tal, in dem du einen Bergsee erblickst. Schau dir diesen See an. Begib dich an diesen Ort. Wie sieht seine Oberfläche aus? Ist sie bewegt oder ruhig? Mache dir bewußt, daß du auch dieser See *bist*, und so wie seine Oberfläche aussieht, sieht es auch in dir aus.

Laß die Oberfläche des Sees allmählich zu einem ruhigen, glatten Spiegel werden, in dem sich der Gipfel deines Berges widerspiegelt.

Begib dich in die Tiefe des Sees. Du weißt, daß du in deine inneren Tiefen gehst. Womöglich wirst du alles mögliche auf dem Grund des Sees entdecken. Beobachte und akzeptiere alles, was sich dir zeigt. Es ist alles so, wie es ist. Nur wenn du etwas voll und ganz akzeptiert hast, kannst du es auch verändern. Bis dahin ist es nur dein Feind, dessen Widerstand um so mehr wächst, je mehr du ablehnst, daß es ein Teil von dir ist. Wenn du zu Veränderungen bereit bist, lasse Bilder von vollkommener Harmonie vor deinem geistigen Auge entstehen.

Wenn du bereit bist, in der Übung weiterzugehen, schaue zum Ufer des Sees. Du siehst dort einen Baum, dem du dich näherst, um ihn zu betrachten. Es wird ein Baum sein, der dir entspricht – z.B. eine feste Eiche oder eine biegsame Birke, eine Tanne oder eine Trauerweide. *Werde* zu diesem Baum. Spüre, wie es sich anfühlt, dieser Baum zu sein. Geh tief in deine Wurzeln und schau dir an, wie sie sich aus der Erde ihre Nahrung holen. Aus den feinsten Faserwurzeln fließt die Energie in die Hauptwurzeln, um von dort durch den Stamm bis in die Äste und Blätter zu gelangen. Spüre diesen Energiefluß in deinem Körper von unten nach oben.

Allmählich bemerkst du, daß die Energie genauso von den Sonnenlicht und Sauerstoff aufnehmenden Blättern nach unten bis tief in die Wurzeln fließt. Die Energie fließt kontinuierlich in beide Richtungen. Genieße diesen Fluß der Energien.

Als Baum hast du deine Äste zur Sonne gestreckt.

Erlaube dir nun, auch diese Sonne zu *sein. Du bist es*, der das Licht und die Wärme spendet, damit auf dem Berg Bäume und Pflanzen wachsen können, der See sich erwärmt und dein Baum seine Lebensenergie erhält. *Du bist zugleich alles in einem. Du bist der Berg, der See und der Baum, und du bist die Sonne, die das alles nährt.*

Bevor du deine Phantasiereise beendest, mache dir bewußt, daß alles, was du erlebt hast, bestimmte Aspekte deines Lebens symbolisiert. Dein Schöpfer hat dir die Fähigkeiten mitgegeben, jederzeit entscheiden zu können, was für deine Entwicklung und dein Wachstum förderlich ist. Er hat dich selbst zum Schöpfer deiner Umstände und deines Karmas gemacht. Sei bereit, Verantwortung für dein Leben zu übernehmen. Es wird dir die Erkenntnis ermöglichen, daß du wirklich „alles in einem“ bist.

Heilung durch Transformation

Pyramiden-Feuer-Meditation

Diese Übung ermöglicht dir, dich von allen nicht mehr benötigten Energien zu befreien. Beginne mit der Heilmeditation (siehe Seite 130), um dich zu entspannen. Danach visualisiere eine mindestens dreißig Meter hohe gläserne Pyramide. Die Pyramide hat eine Tür, durch die du ins Innere der Pyramide gelangst. In der Mitte des hohen Raumes siehst du eine mindestens zehn Meter hohe violette Flamme. Es ist die Flamme der Transformation, die all die Energien verwandelt, die du ihr übergibst. Du kannst dich mitten in die Flamme stellen, sie wird dich nicht verbrennen. Vertraue auf ihre energetische Kraft und übergib ihr, wovon du dich lösen möchtest. Da alles nur eine bestimmte Form von Energie ist, sind auch deine Muster und Blockaden, deine Ängste, deine Traurigkeit und deine Depressionen in Wirklichkeit nur Energie einer bestimmten Schwingung – und Schwingung ist veränderbar.

Stelle dir als nächstes vor, wie du in dieser violetten Flamme stehst und mit Unterstützung deines Atems die Energien der Ängste aus deinem Energiefeld, das dich umgibt und durchdringt, hervorholst, um sie in die Flamme hinein auszuatmen. Du mußt dabei nicht „wissen“, wie diese Energien konkret aussehen, wichtig ist nur deine Absicht. Schau dir an, wie sich die Farbe der Flamme intensiviert und all die ihr übergebenen Energien einfach verbrennt.

Je mehr du freigibst, um so mehr Raum schaffst du für neue, positive Energieformen. Wenn du dich von den Energien deiner Ängste löst, gewinnen die Energien der Zuversicht und des Vertrauens Raum. Wenn du der Flamme die Energien der Traurigkeit übergibst, wirst du spüren, wie die Energie der Freude in dir an Raum gewinnt.

Achte bei jeder Transformation in deinem Körper darauf, wo du diese neuen Energien am deutlichsten spürst. Berühre dich *an dieser Stelle deines Körpers* mit der rechten Hand. Atme dabei tief durch. Auf diese Weise verankerst du das Wissen um die neuen Energien in deinen Zellen. Wenn du im Alltag die „alten“ Energien erneut spürst, atme tief durch und berühre mit deiner rechten Hand diesen Bereich. Dein Zellgedächtnis wird dir umgehend das Wissen um die erneuerten Energien in Erinnerung rufen.

Um die Übung zu beenden, tritt bewußt aus der violetten Flamme heraus und bedanke dich bei ihr für ihre Unterstützung. Anschließend verläßt du die Pyramide durch die Tür. Wenn du wieder wie zu Beginn der Übung vor der Pyramide stehst, löst du sie mitsamt der Flamme auf.

Zähle bis drei, um wieder in dein normales Wachbewußtsein zurückzukehren. Du wirst überrascht sein, wie sich dein Befinden in dieser kurzen Zeit verbessert hat.

Heilung im Lichttempel – eine Christusmeditation

Für diese Meditation bedienen wir uns einer anderen Entspannungsmethode, die ich von meinem amerikanischen Lehrer Ron Carson gelernt habe. Sie ermöglicht dir in relativ kurzer Zeit, in einen angenehmen Entspannungszustand zu gelangen.

Nimm eine Sitzposition ein, in der du für mindestens dreißig Minuten mit aufrechter Wirbelsäule bequem verweilen kannst. Begib dich entweder in den Lotussitz oder auf einen Stuhl, auf dem du dich jedoch nicht anlehnst.

Schließe deine Augen und richte deine Achtsamkeit auf deinen Atem. Komme allmählich innerlich zur Ruhe.

Richte nunmehr deine Aufmerksamkeit auf deine Augenlinsen. Achte darauf, daß du dich nicht auf deine Augen, sondern wirklich nur auf deine Augenlinsen konzentrierst. Wenn deine Gedanken abschweifen, kehre mit deiner Aufmerksamkeit immer wieder zu deinen Augenlinsen zurück. Sei nicht der Knecht, sondern der Herr deiner Gedanken. Nimm dir vor, dich etwa drei Minuten auf deine Augenlinsen zu konzentrieren. Du brauchst dazu nur auf deine innere Uhr zu achten, um zu wissen, wann du in der Übung weitergehen solltest.

Der nächste Schritt besteht darin, deine Aufmerksamkeit auf die Rückseite deiner Augen zu lenken, also auf die hintere Wölbung deiner Augäpfel. Auch hier bleibst du für etwa drei Minuten. Anschließend richtest du deine Aufmerksamkeit auf deine Zirbeldrüse. Sie liegt in Höhe der Oberkante der Ohren, hinter den Augen in der Mitte des Kopfes. Womöglich fällt es dir schwer, dich auf diesen Bereich zu konzentrieren, da du zunächst keinen Fixpunkt findest, an den du dich halten kannst. Je intensiver du jedoch dein Bewußtsein auf diesen Bereich ausrichtest, desto leichter findest du deine Zirbeldrüse. Sie hat in etwa die Größe einer kleinen Walnuß. Dies ist auch das Zentrum des dritten Auges, des Ajna-Chakras.

Verweile mit deiner Aufmerksamkeit auch hier für drei Minuten, um dich als nächstes deiner Schädeldecke zuzuwenden. Dort liegt dein Scheitel-Chakra, auch Kronen-Chakra genannt. Wenn du alle bisherigen Schritte konsequent vollzogen hast, wirst du dich nunmehr in einem wunderbar entspannten Zustand befinden. Du bist bereit, dich auf eine kleine Reise zu begeben.

Die Reise

Visualisiere oberhalb deines Scheitel-Chakras eine strahlend weiße Lichtkugel, die mit ihrer Unterkante etwa zehn Zentimeter über deiner Schädeldecke liegt. Stelle dir vor, daß du dich mit deinem *Bewußtsein* in diese Lichtkugel hineinbegibst. Du bist dabei von strahlendem Licht umgeben, das dich auf deiner weiteren Reise schützt. Die Kugel ist dein Gefährt, mit dem du dich auf die Reise begibst.

Die Reise, die dir die unendliche Weite des Universums zeigen kann, führt dich zunächst an die Pforte eines Gartens. Es ist der Garten des Friedens und der allumfassenden Liebe. Vielleicht steht ein Engelwesen an dieser Pforte, das dir bereitwillig das Tor öffnet, um dich einzulassen. Du siehst vor dir einen Garten, der deiner Vorstellung entspricht. Du machst einen kleinen Spaziergang durch diesen Garten und schaust dich voller Neugierde um.

Auf deinem Weg durch den Garten erblickst du plötzlich einen hellen Tempel. Du erkennst Säulen und Stufen – allesamt aus strahlendem Licht. Bleibe für einen Moment vor den Stufen stehen, um innerlich darum zu bitten, eintreten zu dürfen. Intuitiv spürst du, wann dir diese Erlaubnis gewährt wird. Begib dich mit großer Achtsamkeit in das Innere des Lichttempels.

Während du die Tempelhalle betrittst, siehst du, wie eine lichtvolle Wesenheit auf dich zukommt. Es ist die Verkörperung der Christus-Energie, die Manifestation der allumfassenden bedingungslosen Liebe. Du erhältst die Erlaubnis, näher zu treten, bis ihr euch gegenübersteht. Ihr reicht euch beide Hände und schaut euch in die Augen. Du spürst, welch unendliche, bedingungslose Liebe diese Augen auf dich übertragen. Diese Liebe wird dich begleiten und unterstützen.

Das Christuswesen nimmt dich an die Hand und führt dich zu einem Altar. Es ist ein Opferaltar, an dem du alles opfern kannst, was dich in deiner weiteren Entwicklung behindert. Erinnere dich daran, daß alles nur eine Form von Energie ist.

Opfere deine Schwierigkeiten, deine Muster und Blockaden. Opfere deinen Schmerz und das, was dich bedrückt. Unterstütze dich mit deinem Atem und opfere deine Ängste, deine Traurigkeit, deine Depression und deine Mutlosigkeit. Sei bereit, dich von all diesen niederdrückenden Energien zu befreien. Führe sie jeweils mit dem Ausatmen in symbolischer Form auf den Opferaltar, der wie alles andere in diesem Tempel aus reinem Licht besteht. Spüre, wie du frei wirst von all deinen Zwängen und Einschränkungen. Nimm wahr, wie dir dabei leicht und wohl wird.

Wenn du alles geopfert und losgelassen hast, wovon du dich zur Zeit trennen möchtest, tritt einen Schritt zurück, um auf dem Opferaltar all das zu betrachten, was jetzt nicht mehr zu dir gehört. Du bist losgelöst von all dem und spürst, wie Christus dich an die Hand nimmt, um dich zu einem anderen Altar zu führen, auf dem ein goldener Kelch steht.

Dieser Kelch wird dir nun gereicht. Er ist mit göttlichem Nektar und reinster *Heilenergie* gefüllt. Ergreife diesen Kelch mit deinen physischen Händen und führe ihn zu deinem Mund. Trinke den heiligen Nektar und spüre, wie sich dessen Energie in deinem Körper verteilt. Jede Zelle wird von ihm erreicht und gereinigt. All die energetischen Lücken, die durch das Loslassen der negativen Energien entstanden sind, werden nun mit göttlicher Energie aufgefüllt. Sei nicht in Eile – es wird genau so viel für dich in diesem Kelch sein, wie du benötigst, um wirklich *heil* zu sein.

Wenn du den Kelch mit seiner göttlichen Heilenergie geleert hast, reichst du ihn zurück und bedankst dich. Danach wirst du wieder in die Mitte des großen Raumes geführt.

Die Verkörperung der Christusenergie berührt dich mit ihrer rechten Hand im Bereich deines Herzens. Spüre, wie das Licht der Güte, der Liebe und des Friedens auf dich übertragen wird. Erkenne, daß all dies schon immer in dir war und du es nur vorübergehend nicht sehen und spüren konntest. Durch diese Berührung wird dein Herz und dein geistiges Auge geöffnet. Du wirst durchströmt von Liebe und Frieden.

Anschließend bedankst du dich für all die tiefen Erfahrungen, die dir zuteil wurden, und verabschiedest dich. Du schaust dem Christuswesen noch einmal in die Augen und weißt, daß dich diese Liebe und dieser Frieden immer begleiten werden. Du mußt dich nur daran erinnern.

Du verläßt den Lichttempel und schreitest durch den Garten.

Mit deinem Lichtelemental begibst du dich wieder über dein Scheitel-Chakra, um in deinen physischen Körper zurückzukehren.

Spüre die Unterlage, auf der du sitzt. Nimm dir vor, dich an all deine Erfahrungen zu erinnern, und zähle von eins bis drei, um wieder ganz im Hier und Jetzt zu sein.

Das Wesak-Fest

(nach Alice A. Bailey; eine Zusammenfassung aus „Eine Abhandlung über die sieben Strahlen", Band 2)

Das Wesak-Fest ist der Festtag des Buddhas, des geistigen Vermittlers zwischen dem höchsten spirituellen Zentrum „Shambhala" und der geistigen „Hierarchie".

Buddha steht für die Weisheit Gottes und die Verkörperung des Lichtes. Buddha verkündet die Absichten Gottes.

Das Wesak-Fest wird jedes Jahr in ganz Indien am ersten Vollmondtag nach Frühlingsanfang gefeiert. Es ist die Zeit des „Stier-Vollmondes". Buddha wurde im Zeichen des Stieres geboren. Durch die beiden großen Söhne Gottes, Buddha und Christus, wird Weisheit, Licht und Liebe auf die Menschheit übertragen. Buddha und Jesus wirken zusammen als die Vermittler der höchsten geistigen Kraft, der wir in unserem Mensch-Sein begegnen können.

Am Tag des Wesak-Festes verbindet sich Vergangenheit mit der Gegenwart. Buddha erscheint an jenem Tag, um die Weisheit und die Liebe Gottes zu vermitteln, damit sie durch Christus dem Menschen offenbart werden kann. Der Christus-Logos regiert die geistige Hierarchie. Christus ist der Meister aller Meister und der Lehrer der Engel und der Menschen.

Er *offenbart* uns dieses Licht und die Liebe Gottes.

Das Wesak-Fest bringt uns den höchsten geistigen Segen. An jenem Tag wirkt eine starke geistige Energie, die dem spirituellen Streben der ganzen Menschheit dient.

Christus und Buddha stellen an diesem besonderen Tag eine Verbindung zwischen Gott und den Menschen her, durch die göttliche Weisheit und Liebe unsere Welt erfüllt.

Zu keinem anderen Zeitpunkt ist eine so große Erweiterung des Bewußtseins möglich wie an diesem Tag. Alle spirituellen Sucher werden darin unterstützt, die großen Stufen zu erreichen, die wir Einweihung nennen. Wir können tiefer und bewußter in die Mysterien des göttlichen Reiches eindringen und unsere eigene Göttlichkeit erkennen. Das Wesak-Fest ist aus spiritueller Sicht das wichtigste Ereignis des Jahres.

Das Wesak-Fest dauert insgesamt fünf Tage. Es besteht aus zwei Vorbereitungstagen, dem Vollmondtag selbst sowie den zwei nachfolgenden Tagen.

Die Vorbereitungstage sind die Tage des Verzichts und des Loslösens, und der Vollmondtag ist der Tag des Schutzes, an dem uns gegeben wird. Darauf folgen die beiden Tage des Verteilens. In diesen Tagen sollten wir so rein und klar werden wie möglich, um die göttlichen Energien optimal *aufnehmen und weiterleiten* zu können. Wir sollten uns bemühen, das Licht unserer Seele zu empfangen und als Seele dem Ganzen zu dienen.

Wenn wir uns nach dem Vollmondtag der äußeren Welt zuwenden, bemühen wir uns, die geistige Energie, die wir aufnehmen konnten, an andere weiterzuleiten.

Die Wesak-Fest-Meditation

Das ist eine meditative Reise nach Shambhala, die als Gruppenmeditation am wirkungsvollsten ist.

Wir reisen in unserer Visualisation ins nördliche Tibet und über den mächtigen Himalaja, wo wir in großer Höhe, inmitten der schneebedeckten Berge, ein grünes Hochtal finden, in dem sich warme Quellen befinden. Das Tal ist auf allen Seiten von hohen Bergen umgeben – außer im Nordosten, wo sich eine schmale Öffnung zeigt. An dieser Stelle befindet sich ein riesiger abgeflachter und unbewachsener Felsen.

Es ist die Zeit des Mai-Vollmondes, und heilige Männer und Lamas sowie einfache Pilger versammeln sich im Tal. Die nordöstliche Region, in der sich der große Felsen befindet, wird freigelassen, da sich dort zur Stunde des Vollmondes die großen Wesenheiten versammeln, die Gottes Pläne für unseren Planeten verwalten. Sie sind es, die uns von der Dunkelheit ins Licht führen wollen – so, wie sie einst ins Licht geführt wurden. Diese großen Wesenheiten, die Meister und Wissenden, die Gott erkannt haben, stellen sich im nordöstlichen Teil des Tales in Kreisen auf und bereiten sich darauf vor, der Menschheit zu dienen.

Hinter ihnen befinden sich die Schüler und Weltenjünger, um zu lernen und zu dienen.

Vor der Gruppe der großen Wesenheiten stehen die drei großen Herren der Hierarchie – Christus, Sanat Kumara und Kuthumi. Jeder von ihnen hat seine besondere Aufgabe für den Dienst am Menschen. Diese drei stehen vor einer großen, mit Wasser gefüllten Kristallschale, die das Licht des Vollmondes reflektiert. Dadurch kann jeder seinen Platz, auf dem er steht, genau erkennen.

Vielleicht bist du einer der Pilger und erkennst durch das Licht, in welchem Bereich des Tales du dich befindest. Du wirst einen Platz haben, der von dem großen Felsen so weit entfernt ist, wie es deiner momentanen Entwicklung und dem Grad deiner letzten Einweihung entspricht. Doch unabhängig davon, wo du dich im Tal befindest, kannst du alles, was sich auf dem großen Felsplateau ereignet, genau wahrnehmen.

Die Stunde des Vollmondes bricht an, und ein großes Schweigen senkt sich über das Tal. Alle blicken nach Nordosten, wo die Meister mit ihren Jüngern rituelle Handlungen durchführen. Es werden symbolische Positionen eingenommen: der fünfzackige Stern mit Christus am höchsten Punkt, dann ein Dreieck mit Christus am Scheitelpunkt, und schließlich zwei ineinander geflochtene Dreiecke, welche die Verschmelzung der physischen und der geistigen Energie symbolisieren. Jede Figur hat eine machtvolle Bedeutung, die durch das dazugehörige Mantra noch verstärkt wird.

Die Spannung steigt. Du spürst mit der gesamten Gruppe die machtvolle Schwingung, die die Seelen aller Anwesenden berührt, so daß sie zu einer großen Einheit verschmelzen.

Anschließend richten sich alle Blicke auf den Himmel über dem schmalen Ende des Tales. Wenige Minuten vor dem Erscheinen des Vollmondes wird ein kleiner heller Lichtpunkt sichtbar. Dieser Lichtpunkt kommt immer näher und nimmt an Klarheit zu, so daß die Konturen des sitzenden Buddhas allmählich deutlich erkennbar werden. Er trägt ein safranfarbenes Gewand und hat die rechte Hand zum Segen erhoben. Als er über dem großen Felsen und über den Häuptern der Meister der Hierarchie schwebt, stimmt Christus ein machtvolles Mantra an, das nur einmal im Jahr bei diesem Fest gesungen wird. Die ganze Gruppe von Pilgern fällt auf die Knie und berührt mit der Stirn demütig den Boden.

Diese Anrufung ist so machtvoll, daß sie bis zu Gott emporsteigt. Sie verbindet uns mit der geistigen Kraft, die alles erschaffen hat und aus der alle Wesen hervorgegangen sind. Der göttliche Segen strömt aus und wird von Christus gleichmäßig an alle Wesen verteilt. Es ist der bedeutendste Augenblick des Jahres.

Auf diese Weise kehrt Buddha alljährlich zurück, um die Welt zu segnen und durch Christus erneuertes Leben und Inspiration zu vermitteln.

Allmählich weicht Buddha wieder langsam zurück in die Ferne, bis er nur noch als leuchtender Lichtpunkt am Himmel sichtbar ist, der schließlich auch verschwindet.

Daraufhin erhebt sich jeder Teilnehmer des Festes. Das geweihte Wasser aus der großen Schale wird nunmehr in kleinen Mengen an die Meister und Eingeweihten sowie deren Schüler verteilt.

Diese wiederum teilen es untereinander, um es in Form einer „Wasser-Kommunion" gemeinsam zu trinken.

Dieses Wasser, das durch die Gegenwart Buddhas und Christi magnetisiert wurde, trägt die Eigenschaften der helfenden und heilenden Natur in sich. Es gibt uns die Kraft, ein neues Jahr im Dienste der Welt zu beginnen.

Diese „Wasser-Kommunion" ist auch ein Symbol für das anbrechende Wassermann-Zeitalter. Sie verdeutlicht die Notwendigkeit unserer individuellen Reinigung. Zugleich zeigt es uns, wie wichtig es ist, das im Moment Kostbarste miteinander zu teilen.

Sensibilisierungsübungen

Meditative Übungen zum Sensibilisieren der Wahrnehmung

Diese Übung besteht aus zwei Teilen:

Teil eins wird im Freien, im direkten Erleben der Natur durchgeführt.

Teil zwei folgt in einem Raum, in dem die Erfahrungen, die du in der Natur gemacht hast, als Vision nachvollzogen werden.

Suche dir einen Platz in der Natur, an dem du barfuß gehen kannst und nicht durch zivilisationsbedingte Geräusche abgelenkt wirst. Es soll ein möglichst kraftvoller Ort sein, an dem sich Bäume, Steine, Gras und verschiedene Kräuter befinden.

Erster Teil:

1. Wenn du deinen Platz gefunden hast, zieh deine Schuhe aus, stell dich aufrecht hin und nimm über deine Fußsohlen bewußt Kontakt mit der Erde auf. Wenn du diese „Verbindung“ mit Mutter Erde spürst, schließe deine Augen und gehe möglichst langsam etwa dreißig Schritte hin und zurück. Trete ganz behutsam auf. Achte darauf, wie sich der Boden anfühlt. Ist er hart oder eher weich, ist er warm oder kalt, spürst du nur Wiese oder auch Steine? Nimm dir Zeit, gehe langsam und mit Achtsamkeit. *Denke bei jedem Schritt daran, daß du dich später an alle Empfindungen erinnern willst.*

2. Suche dir drei Bäume, die du nacheinander umarmst. Nimm dir genügend Zeit für jeden Baum. Schließe dabei deine Augen und spüre nicht nur die Rinde, sondern auch die Schwingung des Baumes. Fühle, wie er tief in der Erde verwurzelt ist und welche Kraft durch ihn fließt. Nimm wahr, wie in seinem Stamm die Energie von den Wurzeln nach oben und gleichzeitig von den Blättern nach unten fließt. *Vergleiche deine Erfahrungen mit den drei Bäumen, um dich später daran zu erinnern.*

3. Suche dir einen Stein, ein Stück von einem alten Ast, einen Grashalm oder gar einen kleinen Erdklumpen und setze dich nieder. Lege alles griffbereit neben dich, um anschließend jeden Gegenstand einzeln in die Hand zu nehmen. Schließe deine Augen und versuche zu *be-greifen*, was du fühlst. Stell dir dabei die Fragen:
   Wie fühlt es sich an? Warm oder kalt, rauh oder glatt, weich oder fest?
   Wie riecht es? (Reibe daran.)
   Wie klingt es, wenn ich darauf klopfe?
   Wie klingt es, wenn ich ganz zart darüber streiche?
   Halte den Gegenstand zwischen den Augenbrauen an deine Stirn, um seine Schwingung wahrzunehmen.

Wiederhole diese Schritte mit verschiedenen Gegenständen. *Nimm dir vor, alle diese Erfahrungen zu speichern.*

4. Als nächstes setze dich einfach mit geschlossenen Augen hin und *sei ganz Ohr*. Nimm dir dafür mindestens zehn Minuten Zeit. Du wirst erstaunt sein, was du plötzlich alles wahrnimmst. Versuche, dir deine Eindrücke zu merken.

5. Begib dich an jenen Ort, der deiner Meinung nach eine besonders kraftvolle Schwingung hat. Stelle dich mit geschlossenen Augen in seine Mitte. Was nimmst du wahr?

   Bleibe etwa fünf Minuten stehen und verändere dann deinen Standort. Was ist jetzt anders? Entferne dich noch weiter von deinem besonderen Ort und fühle wiederum die Schwingung. *Versuche erneut, dir alle Erfahrungen zu merken.*

6. Setze dich als nächstes an den Platz mit der besten Aussicht. Sei ganz still und nur Betrachter, ohne irgend etwas zu werten. Stelle dir nach einiger Zeit die Frage, was fehlen würde, wenn du nur ein Foto dieser Landschaft in der Hand hättest. *Mache dir deine Erfahrung bewußt.*

Zweiter Teil der Übung:

Begib dich in deinem Zuhause in jenen Raum, in dem du deine Meditation durchführst.

Bereite alles so vor, wie du es für eine Meditation zu tun pflegst.

1. Gehe barfuß durch den Raum und versuche dich zu erinnern, wie es sich im Vergleich dazu in der Natur angefühlt hat. Du wirst sicher einige Unterschiede bemerken.

   Dann setze dich hin, schließe deine Augen und entspanne dich.

Zum Abschluß läßt du die goldene Lichtkugel gleichzeitig in alle Richtungen kreisen. Wenn du spürst, daß sie irgendwo hängenbleibt oder gar verschwindet, kannst du diese Blockade durch die Verstärkung des Lichtpunktes und wiederholtes Üben auflösen.

Im Ozean des Lichts

Begib dich für diese Meditationsübung an einen Ort der Ruhe und Geborgenheit. Sorge dafür, daß du nicht gestört werden kannst. Zünde eine Kerze oder ein Teelicht an. Der Raum sollte leicht abgedunkelt sein, so daß du dich auf das Kerzenlicht konzentrieren kannst. Setze dich bequem hin und entspanne dich mit einigen tiefen Atemzügen. Lasse beim Ausatmen alles los, was dich an die Probleme deines Alltags erinnert.

Entspanne bewußt deine Arme und Beine, deine Stirn, deine Mundwinkel und deine Augen. Vermittle auch deinen inneren Organen dieses Gefühl der Entspannung.

Betrachte für einige Minuten mit entspanntem Blick das Licht der Kerze. Es kann sein, daß deine Augen nach wenigen Minuten müde werden oder dein Blick verschwommen wird. Womöglich tränen dir auch die Augen. Lasse es einfach geschehen und blinzle einige Male, ohne dabei den Blick vom Licht der Kerze abzuwenden. Du wirst bemerken, wie sich das Lichtfeld der Kerze immer wieder ein wenig verändert und wie es zu strahlen beginnt.

Diese Übung ist zur Schulung der Konzentrationsfähigkeit bereits sehr effektiv. Mit den folgenden Schritten kannst du deine Erfahrung mit dem Kerzenlicht noch um ein Vielfaches verstärken.

Schau dir dieses Licht noch einmal bewußt mit dem Vorsatz an, dich später genau an alles zu erinnern.

Schließe deine Augen und visualisiere das Licht im Bereich deiner Augenlinsen. Erinnere dich daran, wie das Licht der Kerzenflamme ausgesehen hat.

Nach einigen Minuten visualisierst du das Licht in der Mitte deines Kopfes. In diesem Bereich liegt die Hypophyse – eine etwa nußförmige Drüse, die für die Steuerung aller anderen Drüsen verantwortlich ist. An dieser Stelle befindet sich auch das sechste Chakra, das sich etwa zwischen den Augenbrauen nach vorn öffnet. Vergiß alle Dunkelheit und konzentriere dich nur auf dieses Licht in der Mitte deines Kopfes. Es kann sein, daß dieses Licht plötzlich eine andere Farbe annimmt. Womöglich leuchtet es nunmehr gold oder auch violett. Lasse es einfach geschehen. Konzentriere dich für einige Minuten auf diesen Bereich.

Als nächstes bringst du das Licht von der Mitte deines Kopfes hinunter in dein Herzchakra, das sich zwischen dem vierten und fünften Brustwirbel befindet und sich nach vorn öffnet. Lasse das Licht immer heller und größer werden, bis es den ganzen Brustraum ausfüllt, um sich dann in alle Richtungen über den gesamten Körper und bis in die Finger- und Zehenspitzen zu verteilen.

Allmählich wird es noch größer und geht über die Grenzen deines Körpers hinaus. Dein ätherischer Körper wird ebenso wie dein Emotional- und Mentalkörper von diesem Licht durchströmt. Konzentriere dich einige Minuten auf deine feinstofflichen Körper und genieße das strahlende Licht.

Lasse das Licht in deiner Vision so groß und weit werden, wie du dir einen Ozean vorstellst. Du wirst dabei selbst zu einem Meer von Licht. Während du dir deiner Einheit mit dem Licht bewußt bist, stelle dir vor, daß du der Ozean und eine Welle zugleich bist. Mal ist diese Welle oben, mal ist sie unten. Du weißt, daß du jederzeit vom Licht getragen wirst, und fühlst dich geborgen. Du bist ein Teil des unermeßlichen

Ozeans. Womöglich erahnst du, wie du dort angekommen bist, wo du vor langer Zeit deinen Weg begonnen hast. Dieser Ozean ist die Quelle des Lichts, nach der sich deine Seele gesehnt hat, solange du denken kannst.

Zum Abschluß dieser Übung kehre mit deinem Bewußtsein in den Raum zurück, in dem du dich befindest. Mache dir deine Körperlichkeit wieder bewußt. Dabei siehst du weiterhin das Lichtfeld, das dich umgibt und durchdringt. Du spürst, wie es dich nährt und schützt.

Zähle innerlich von eins bis drei und öffne danach deine Augen.

Vom Sein

Als Tropfen im Ozean des göttlichen Lichts
wissen wir nichts von einer Individualität.
Wir leben nur im SEIN.
Erst durch die Abspaltung gehen wir in die Form
und werden zum Tropfen,
zum ICH BIN.
Und doch wissen wir:
Es gibt einen Weg zurück in diesen Ozean des Lichts.
Wenn auch dieser Tropfen, dieses ICH BIN,
dabei einen langen Reinigungsprozeß durchlaufen muß
und ihm die auftretenden Hindernisse
oft unüberwindlich erscheinen,
so gehören sie dennoch zum Weg.

Herbert Hoffmann

Meditation mit den Erzengeln

Von den Erzengeln Michael, Raphael, Gabriel, Uriel, Anael, Kassiel, Sachiel und Samuel sind die vier erstgenannten in besonderem Maße für unseren Körper zuständig.* Wir können sie daher um Unterstützung für die Heilung unseres Körpers bitten. Jeder von ihnen hat einen genau definierten Aufgabenbereich.

Michael ist der Meister des Elements Feuer und des Lichtes. Seine Aufgabe besteht u.a. in der Überwachung der Temperatur unseres Körpers und der Gesunderhaltung unseres Blutes.

Raphael ist der Meister der ätherischen Vitalität. Seine Aufgabe besteht in der Überwachung der Aufnahme der ätherischen Lebensenergie, des „Prana".

Gabriel, der Meister des Elements Wasser, überwacht den Wasserhaushalt unseres Körpers.

Uriel ist der Meister des Ausgleichs. Er koordiniert den Einsatz der zuvor genannten drei Erzengel, so daß unser Körper harmonisch funktionieren kann.

Wir haben die Möglichkeit, die Erzengel im Krankheitsfall um Unterstützung zu bitten, damit die vorgesehene göttliche Ordnung wiederhergestellt werden kann.

Mit der folgenden Meditationsübung kannst du den Einfluß der Erzengel ganz bewußt erfahren.

Begib dich an deinen üblichen Meditationsplatz. Entspanne dich und konzentriere dich für eine Weile auf deinen Atem, um zu beobachten, wie er, ohne von dir manipuliert zu werden,

* Eine umfangreiche Beschreibung aller Wirkungsbereiche der Erzengel findest du in meinem Buch *Wege des Heilens,* Hans-Nietsch-Verlag.

aus- und einfließt. Betrachte deinen Atem wie einen Fluß, dem du vom Ufer aus zuschaust. Du läßt ihn fließen, ohne ihn auf irgendeine Weise manipulieren zu wollen.

Wenn du ruhig und entspannt geworden bist, wende dich innerlich an den Erzengel *Michael.* Bitte ihn, spürbar und vielleicht sogar für dein geistiges Auge sichtbar bei dir zu sein. Dann kannst du ihn bitten, für nur wenige Minuten deine Körpertemperatur um ca. ein Grad zu erhöhen und dabei all das zu verbrennen, was dein Körper nicht mehr benötigt. Dazu gehören alle Energien, die zu Blockaden und Verunreinigungen geführt haben. Es kann durchaus sein, daß du diese geringfügige Erwärmung deutlich wahrnimmst. Erlaube dir, es geschehen zu lassen. Durch diese Temperaturerhöhung wird in deinen Organen und in deinem Blut all das verbrannt, was du nicht mehr benötigst.

Nach einigen Minuten bittest du Michael, die Körpertemperatur wieder zu normalisieren. Auch das ist deutlich wahrnehmbar. Bedanke dich für diese Unterstützung und rufe nun den Erzengel *Raphael* mit der Bitte, sich ebenso erkennbar wie zuvor Michael zu zeigen. Wenn du seine Präsenz spürst, bitte ihn, all deine Haupt- und Nebenchakras und deine Atmungsorgane so weit zu aktivieren, daß dein gesamter Körper optimal mit Lebensenergie versorgt wird. Nimm wahr, wie jede einzelne Zelle deines Körpers belebt wird.

Nach einigen Minuten bedankst du dich bei Raphael, um dich dann dem Erzengel *Gabriel* zuzuwenden. Bitte ihn, dir seine Anwesenheit spürbar zu machen. Er wird durch seine Energie all deine Reinigungs- und Ausscheidungsorgane wie Milz, Leber und Nieren aktivieren. Dadurch wird dein Blut gereinigt und all das ausgeschieden, was der Entwicklung und Regeneration deines Körpers hinderlich ist.

Nachdem du dich auch bei Gabriel für seine Unterstützung bedankt hast, verbindest du dich mit dem Erzengel *Uriel*, um ihn zu bitten, auch weiterhin den Einsatz von *Michael*, *Raphael* und *Gabriel* so zu koordinieren, daß dein Körper in vollkommener Harmonie bleibt. Bedanke dich dann noch einmal bei allen vier Erzengeln und verabschiede dich mit der Bitte, daß sie dich auch weiterhin unterstützen.

Richte deine Aufmerksamkeit zum Abschluß der Übung auf deinen Atem und erkenne auch in ihm den Ausdruck Gottes und seiner Erzengel.

Gebetsmeditation

Eine der ältesten Methoden der Meditation ist das Gebet.

Lange bevor es Konfessionen und Kirchen gab, hat sich der Mensch bereits im Gebet an seinen Schöpfer gewandt. Es gab dabei selbstverständlich kulturell bedingte Unterschiede zwischen den Formen des Gebets. Die innere Ausrichtung jedoch war und ist auch heute noch immer die gleiche. Es geht um den „Geist“, das Licht, die Quelle allen *Seins,* die der Mensch als seinen Ursprung und seinen Schöpfer erahnt.

Ein Gebet soll nicht der Abwälzung von Verantwortung dienen, nach dem Motto „Gott wird es schon richten“. Vielmehr soll es dir helfen, in Demut um Unterstützung zu bitten und dich mit der göttlichen Kraft zu verbinden.

Das wahre Gebet wird in vollständiger Demut und Hingabe, ohne persönliche Ich-Bezogenheit an die göttliche Quelle gerichtet.

Das nachfolgende Gebet kann dir dabei eine Hilfe sein. Es ist beim Verfasser als Postkarte erhältlich – auch in größerer Stückzahl und gegen Rückporto kostenlos.

Du kannst dieses Gebet ganz oder auch abschnittsweise zur Meditation verwenden. Jeder einzelne Satz führt dich auf dich selbst zurück. Du kannst dabei darüber kontemplieren, was noch zu tun ist, damit diese Aussagen auch für dich zutreffen. Es ist ein ausgezeichneter Spiegel, um zu erkennen, wo du in deiner Ausrichtung gerade stehst.

Licht und Liebe sei

Göttliche Quelle des Lichts,
du bist in den Himmeln und auf Erden.
Geheiligt wirst du durch meine Taten.
Dein Reich dringt tief in mich ein,
dein Wille geschieht durch mich und in mir,
in allem, was ich denke, spreche und handle.
Du gibst mir mein täglich Brot und alles,
was ich sonst noch zur rechten Tat notwendig habe.
Dafür danke ich dir jeden Tag,
in Gedanken, Worten und Taten.
Du vergibst mir meine Schuld
im Lichte deines liebenden Feuers,
so wie ich vergebe demjenigen,
der mir Unrechtes wollte.
Du führst mich durch die Versuchung
zum Guten und zum Lichte deiner Liebe hin.
Immer ist dein Reich und deine Liebe in mir,
dein ist meine ganze Kraft und
dein ist meine ganze Herrlichkeit.
Dein sei auch mein Ego.
Du überläßt es mir, mich selbst zu erkennen
und das Werkzeug deiner Liebe zu sein.
Dein Segen ist bei allen Wesen und Welten,
und du unterstützt sie in der Liebe zu dir.

So ist es
von Ewigkeit zu Ewigkeit,

im Namen Gottes,
der absoluten unendlichen Seinsheit,
dem ewigen Leben, der Liebe und Gnade.

AMEN – AMEN – AMEN

Gedanken zum Nach-Denken

„Was das Leben ausmacht, sind nicht die Ziele, sondern die Wege zum Ziel."

Peter Bamm

„Unsere Träume können wir erst dann verwirklichen, wenn wir uns entschließen, daraus zu erwachen."

J. B.

„Die Straßen des geringsten Widerstandes sind nur am Anfang gepflastert."

Hans Jaspar

„Wer auf Weiterbildung verzichtet, um Geld zu sparen, könnte ebensogut die Uhr anhalten, um Zeit zu sparen."

L. B.

„Der menschliche Geist wird nur durch eines geübt, und das ist seine freiwillige Anwendung durch den Menschen selbst."

Dr. A. Lawrence Lowell

„Einen Tag über sich selbst nachzudenken, bringt oft mehr als Monate harter Arbeit."

Chinesische Weisheit

„Unabhängig davon, wo wir gerade stehen, sind wir immer Anfänger, jeder auf seiner Stufe."

Herbert Hoffmann

Nachwort

„Der Erleuchtung ist es egal, wie du sie erlangst." (Thaddäus Golas) Was du dazu brauchst, ist *Erkenntnis*. Und *Erkenntnis* über die Welt erlangst du *nur über dich selbst,* über die *Selbsterkenntnis*. Um dich selbst zu erkennen, mußt du in die Tiefe deines Bewußtseins gehen, und dies ist nur über die Meditation möglich.

Der spirituelle Weg ist der Weg nach innen. Dort findest du alles, was du brauchst. Das, was du außerhalb von dir findest, ist vergänglich. Nur in dir findest du absolute, unvergängliche Liebe und Frieden. Diese *Erfahrung* ist die einzige Wahrheit, die es gibt. Sie vermittelt dir ein „Wissen", das für dein lineares Bewußtsein nicht faßbar ist. Es ist das *„Wissen mit dem Herzen"*.

„The aim of love is in eternal life"

„DAS ZIEL DER LIEBE
LIEGT
IM EWIGEN LEBEN"

Ein persönliches Geschenk von
Dr. Stylianos Atteshlis-*„Daskalos"*
am 24. September 1991

Literaturhinweise

Alethophilo — *Die XVII Bücher des Hermes Trismegistos,* ergänzt durch die Tabula Smaragdina, nach der Fassung von 1789, „akasha" Verlagsgesellschaft

Baba, Sathya Sai — *Meditation,* Verlag: Sathya Sai Vereinigung

Baldock, John — *Zen-Weisheit,* Uranias Mini-Bibliothek

Beck, Charlotte Joko — *ZEN,* Knaur Verlag

Bischof, Marco — *Biophotonen, das Licht in unseren Zellen,* Zweitausendeins-Verlag

Boeckel, Johannes F. — *Meditationspraxis, Techniken und Methoden,* Zweitausendeins-Verlag

Bonwitt, Ingrid Ramm — *Mudras – Geheimsprache der Yogis,* Bauer Verlag

Brunton, Paul — *Meditation – Praktische Wege zum Überselbst,* Aquamarin Verlag

Brunton, Paul — *Vom Ich zum Überselbst,* Aquamarin Verlag

Brunton, Paul — *Augenblicke der Wahrheit,* O.W. Barth Verlag

Copony, Heita — *Das Mysterium des Mandalas,* Aquamarin Verlag

Enomiya-Lassalle, Hugo M. — *Zen-Meditation für Christen,* O. W. Barth Verlag

Enomiya-Lassalle, Hugo M. — *ZEN unter Christen,* Styria Verlag

Fox, Matthew	*Der große Segen,* Claudius Verlag
Golas, Thaddäus	*Der Erleuchtung ist es egal, wie du sie erlangst,* Sphinx Verlag
Jäger, Willigis	*Kontemplatives Beten,* Vier-Türme-Verlag
Jäger, Willigis	*Suche nach dem Sinn des Lebens,* Vianova Verlag
Johanson, Tom	*Zuerst heile den Geist,* esotera-Taschenbücherei, Bauer Verlag
Khan, Hazrath Inayat	*Das Erwachen des menschlichen Geistes,* Synthesis Verlag
Khema, Ayya	*Meditation ohne Geheimnis,* Theseus-Verlag
Khema, Ayya	*Kleine Schritte auf dem Weg zum Buddha,* Jhana Verlag
Khema, Ayya	*Unsere Umwelt als Spiegel,* Jhana Verlag
Nyanaponika	*Geistestraining durch Achtsamkeit,* Christiani Verlag
Pfützner, Robert (Hg.)	*Türen nach innen, Wege zur Meditation,* Christophorus Verlag
Raab, Wilhelm	*Meditation,* Helema Raab Verlag, (A.M.O.R.C.), Alter mystischer Orden des Rosenkreuzes
Rinpoche, Sogyal	*Das Tibetische Buch vom Leben und vom Sterben,* O. W. Barth Verlag
Sacharow, Yogiraj Boris	*Das Öffnen des dritten Auges,* Methode und Praxis, O. W. Barth Verlag
Sartory, Thomas u. Gertrud	*Erfahrungen mit Meditation,* Orientierungshilfe für Christen, Herderbücherei

Schuré, Edouard — *Die großen Eingeweihten,* O. W. Barth Verlag

Schwerin, Hans Edo (Übs.) — *Kybalion,* eine Studie über die hermetische Philosophie, „akasha" Verlagsgesellschaft

Suzuki, Daisetz Taitaro — *Koan, Der Sprung ins Grenzenlose,* Das Koan als Mittel der meditativen Schulung im Zen, O. W. Barth Verlag

Weissmann, Rosemary u. Steve — *Der Weg der Achtsamkeit,* Vipassana-Meditation, Irisiana Verlag

Yogananda, Paramahansa — *Meditationen zur Selbstverwirklichung,* O. W. Barth Verlag

Yogananda, Paramahansa — *Wissenschaftliche Heilmethoden,* O. W. Barth Verlag

Heilende Hände statt Medikamente ohne Ende

Herbert Hoffmann

WEGE DES HEILENS

Der Zustand des heutigen „Gesundheitswesens" erfordert dringlicher denn je, Erkenntnisse natürlicher Heilmethoden einer breiten Öffentlichkeit zugänglich zu machen. Im vorliegenden Werk vermittelt Herbert Hoffmann eine außerordentliche Bandbreite an Möglichkeiten, den Menschen zum „Heil-Sein" zu begleiten. Zu ihnen gehören z.B. Techniken der Reinkarnations- und Regressionstherapie, das Clearing von Fremdenergien, das rituelle Lösen von Blockaden oder das Heilen durch Farben, Töne und Gebet. Der Heilenergiearbeit mit den Händen und mit Bergkristallen sowie mit Tachyon-Energie wird besondere Aufmerksamkeit geschenkt. Zahlreiche Übungen und Fallbeispiele geben einen fundierten Einblick in die Arbeit des Autors, der u.a. von Daskalos (Zypern) ausgebildet wurde und sein Wissen als erfolgreicher Seminarleiter weitergibt.

224 Seiten, gebunden
DM 29,80 / ÖS 218,– / SFr 27,50
ISBN 3-929475-73-1

Ernährung und spirituelles Leben

Christian Opitz

ERNÄHRUNG FÜR MENSCH UND ERDE

Locker und lebendig präsentiert Christian Opitz die Zusammenhänge zwischen gesunder Ernährung und spirituellem Wachstum. Seine Gabe, komplexe Sachverhalte leicht verständlich darzustellen, macht dieses Buch zur vergnüglichen Lektüre.

„Christian Opitz steht in der Tradition der großen Ernährungspioniere wie Hippokrates, Bircher-Benner, Kollath, Burger etc. Er ebnet den Weg für eine Ernährungsrevolution, die für unsere Zukunft unabdingbar ist.“ (Dr. Christian Tal Schaller, Mitbegründer der Fondation Soleil, Genf)

192 Seiten, kartoniert
DM 24,– / ÖS 175,– / SFr 22,–
ISBN 3-929475-07-3

Tachyon-Energie –
Der neue Weg zu körperlicher Heilung und geistiger Entwicklung

Christian Opitz

Unbegrenzte Lebenskraft durch Tachyonen

Die neue Tachyon-Technologie des Amerikaners David Wagner ist das Tor zur „Medizin der Zukunft“ und hat bereits Tausende begeisterter Anwender gefunden. Christian Opitz ist der führende Experte in Deutschland. Seine Beispiele aus der Praxis belegen das großartige Potential dieses Verfahrens, das die Intelligenz und universelle Kraft der kosmischen Urenergie für jeden Menschen direkt nutzbar macht. Er zeigt, wie Tachyon-Energie nicht nur für das körperliche Wohlbefinden, sondern auch zur Lösung emotionaler Blockaden und zur geistigen Entwicklung eingesetzt werden kann.

128 Seiten, gebunden
DM 24,– / ÖS 175,– / SFr 22,–
ISBN 3-929475-34-0

Babaji und die Praxis des Kriya Yogas

Marshall Govindan

BABAJI

Kriya Yoga und die 18 Siddhas

Babaji ist ein spiritueller Meister, der seit vielen Jahrhunderten in jugendlicher Gestalt verborgen im Himalaya lebt. Nur wenige bekommen ihn je zu Gesicht, doch er ist vielen spirituellen Suchern aus der „Autobiographie eines Yogi" von Yogananda bekannt. M. Govindan erzählt nun die Geschichte von Babajis Leben und Selbst-Verwirklichung und beschreibt die berühmten Siddha-Meister Südindiens, die den Kriya Yoga und die Wissenschaft der Unsterblichkeit entwikkelten und an Babji weitergaben. Außerdem erklärt der Autor die praktische Anwendung des Kriya Yogas, der jedem Menschen zu mehr Gesundheit und Glück verhelfen kann.

264 Seiten, gebunden, 24 farbige Bildtafeln
DM 36,– / ÖS 263,– / SFr 33,–
ISBN 3-929475-32-4

Bitte fordern Sie unser Gesamtverzeichnis an:
HANS-NIETSCH-VERLAG · Poststraße 3 · D-79098 Freiburg

Wiederholen wir eine bestimmte Aussage mehr als drei mal haben wir bereits ein Muster. Körper und Gefühle reagieren darauf und richten sich danach aus. Dies muß geändert werden. Negative Aussagen müssen durch positive ersetzt werden.

Andre findet meinen Körper schön. Das kann ich doch als nicht glauben und finde es gelogen. Weil ich meinen Körper nicht mehr schön finde. Mich nicht so liebe und akzeptiere wie ich bin.

Frage: Wie wechselt man in den Jetztpart bei einem aufsteigenden negativen Gefühl?

Beziehung zu Herrn Waldeck im Verstand bereits gelöst. Muß ~~den~~ auf der Ebene des Emotionalkörper gelöst werden sonst trage ich das ganze Leben diesen Schatten mit mir herum.

Loslassen mit Andre und den Akt machen. Und nicht zu vergessen mit Herrn Waldeck (Muster und Diana)

Keine Erwartungshaltung, besonders nicht Andre gegenüber. Er darf in seinem So-Sein sein.